TALES FROM AMERICA

Arab – American Issues
In Arabic
HASAN YAHYA

الدكتور

حسن عبدالقادر يحيى

**Tales written
between 1982 to 2008**

حول الكاتب

حصل الدكتور حسن عبدالقادر يحيى على شهاد تي دكتوراة Ph.Ds
في الادارة التربوية و في علم الاجتماع المقارن من جامعة ولاية
ميشيغان . ودرس في جامعات وكليات أمريكية مساقات في العلوم
الاجتماعية (والسياسية والاقتصادية) وخاصة ما يتعلق بالعلاقات بين
الاجناس. وقد كان وما زال اهتمام الدكتور يحيى في تغير السلوك
الاجتماعي في الدول النامية والدول الصناعية وله أبحاث اسلامية على
المستويين النفسي والاجتماعي تربط التغير بسياسات التنمية والنمو
السكاني في هذه الدول . كما أن اهتماماته تغطي مجال حل الخلافات
بالطرق التفاوضية وله نظرية في ذلك بعنوان (نظرية سي) لحل
الخلافات حيث قدمت في عدة مؤتمرات تخصصية وطبقت على
علاقات السود بالبيض وعلى قضية مستقبل العلاقات الاسرائيلية
الفلسطينية في فلسطين. يقوم الدكتور يحيى حاليا بالتدريس في جامعة
ولاية كنساس في بتسبرغ ويدرس مساقات في الحرب والسلام وعلم
الاجتماع الطبي والتفاوت الطبقي بين الاجناس.

Dedication

To My Parents.

حكايات من أمريكا
للدكتور
حسن عبدالقادر يحيى

مقدمة Introduction

نعني بأمريكا الولايات المتحدة الأمريكية التي بدأ تاريخها الحديث كعالم جديد مع أول خطوة خطاها كولمبوس وبحارته البرتغاليين على أرضها قبل خمسة قرون. وتحديدا في 12 أكتوبر عام 1492م. وكدولة الحرية والقانون منذ ثورتها ضد المستعمر البريطاني فيما يعرف بالثورة الأمريكية عام 1789م وكان أول رئيس لها هو جورج واشنطن . تلك الدولة التي سمحت لحزبين سياسيين فيها لحكمها هما الحزب الجمهوري والحزب الديمقراطي. وغالبا ما يكون أعضاء الحزب الجمهوري من الأغنياء وأصحاب رؤوس الأموال والشركات الكبيرة ، أما أعضاء الحزب الديمقراطي فغالبا ما يكونون من العمال والفقراء والطبقات الكادحة من الموظفين. والغريب في الولايات المتحدة أن الجمهوري قد ينقلب الى ديمقراطي أو العكس ، كما أنه قد ينتخب مرشحين من غيرحزبه. ولهم مطلق الحرية في تكوين آرائهم يوم الانتخابات. فاذا استلم الرئاسة رئيس من الحزب الديمقراطي فان التغييرات الداخلية لمصلحة

الطبقات الدنيا والمتوسطة تزيد ويقل الانفتاح على الخارج ويقل التدخل الخارجي. والعكس صحيح أي اذا كان الرئيس من الحزب الجمهوري كانت اصلاحاته في الخارج أكثر من الداخل. والسبب أن الجمهوريين لهم مصالح خارج الولايات المتحدة تفوق ما بداخلها خاصة الشركات المتعددة الجنسية مثل شركات النفط والمشروبات والمطاط ، لذا فانهم يضغطون على الرئيس باتخاذ رأيهم والعمل كما يشاؤون. وبالنسبة للجرائم والنظام العدلي فان الديمقراطيين ميالون غالبا الى الصرف والدعم للمعاهد التدريبية والمدارس من أجل التوعية والتقليل من الجرائم الأخلاقية والسياسية. بينما يميل الحزب الجمهوري الى الصرف على السجون ورجال البوليس والمحاكم. ولكن المهم جدا أن كلا من الحزبين يعتقد أنه يخدم الولايات المتحدة أفضل من الآخر. وأمريكا بلد العجائب والغرائب وبلد التراث المتجدد والموضات كل يوم كما يقولون، وهي البلد الوحيد في العالم الذي يحتوى مجتمعه عشرات الأجناس من الناس المهاجرين اليه من كل أنحاء العالم. وكلهم يعملون في مزارعه الواسعة ومصانعه رغم أنهم مختلفون في أصول بلادهم. إنها بحق بلد العلم والخداع الديمقراطي السياسي والخدمات المعرفية. وهي كالمرض الساري مع فارق بسيط أنه مرض يحب كل انسان أن يصاب به.

وحكايات من أمريكا : هي مجموعة الحكايات التي يتضمنها هذا الكتاب وقد حصلت بالفعل في الولايات المتحدة الأمريكية وكنت قد كتبتها ونشرت بعضا منها في

جريدة الأمة الصادرة في شيكاغو يوم كنت رئيس تحريرها وبعض الصحف والمجلات العربية في أمريكا. وقد قمت بسردها أولا ثم بالتعليق عليها من ناحية اجتماعية أو حضارية ان شئت. وقد تم اختيارها لا لتمثل الجانب السيء من الحضارة الأمريكية أو الجانب السلبي وانما لوصف نتائج الحرية التي طورت الشعور بذاتية الفرد ليكون مسؤولا عن تصرفاته أولا ومسؤولا عن تحقيق أقصى ما يستطيعه لنفسه دون غيره ودون اعتبار لدين أو لأخلاق. فالقوانين موجودة نظريا لتطبق على جميع أفراد الشعب ومن يستطع التلاعب على هذه القوانين فإنه مواطن عرف الطريقة الأمريكية في التعامل. وهذا هو الحد الجارح لسيف الحرية وهو من السلبيات التي توجد في أي مجتمع يعتمد المادية الجسدية كأقصى غايات الحياة بدلا من الغايات الروحية الدينية في الأخلاق والمعاملات. وسأحاول الكتابة أيضا عن الجوانب الأيجابية في الولايات المتحدة التي أوصلت أمريكا بجهود المهاجرين من كل مكان الى المركز الأول عالميا في القوة والتخطيط والهيمنة على العالم بعد أن كان العالم تحت سيطرة بريطانيا أو فرنسا أو روسيا. راجيا أن يكون في هذه الحكايات حكمة وموعظة لكل العقلاء وأنصاف العقلاء. وهذه الحكايات لا تمثل الحضارة الأمريكية كلها وانما عن بعض الظواهر وجوانبها السلبية والايجابية التي تختص بالانحراف عن الاخلاق والدين والحرية والمساواة أو بناء الحضارة العلمية التي تسير جنبا الى جنب مع تغير العلاقات الاجتماعية وتفكيك الروابط الأسرية وازدياد الجرائم

بأنواعها وهو كما أعتقد صفة عامة للحضارات الغربية في أوروبا وأمريكا. وليس من سمع كمن رأى، وليس من رأى كمن حصل له حادث معين. فالعيش في الولايات المتحدة شيء والنظر اليها عبر الإعلام والستلايت والتلفاز أو من مسافة بعيدة شيء آخر مختلف تماما. والمخدوعون من العرب أو غيرهم من شباب بلدان العالم الثالث (الذين يعيشون في القرى أو المدن القروية) بالحياة الأمريكية هم كثر وإن كانوا ذوي كفاءة عالية في تخصصاتهم أو تطلعاتهم الخيالية. فهم لن يصلوا الى ما يريدون من الراحة النفسية في تربية الأبناء والمحافظة على الأسرة كما يتصورون الا اذا أسهموا في تلك الحضارة واعتبروا أنفسهم كما اعتبرهم الآخرون مواطنين كغيرهم من الدرجة الأولى وهذا أمر بعيد المنال والتحقيق. حيث ان لكل شيء ثمنا وثمن الغربة أو الاستيطان في الولايات المتحدة ثمن باهظ ان لم يدفعه المرء بنفسه من جيبه أو عمره أو أخلاقه كممثل للجيل المهاجر الأول دفعه أبناؤه أو أبناء أبنائه من بعده ممن يدعون أبناء الجيل الثاني أو الجيل الثالث. وتحضرني قصة العصفور والصياد الذي نزل دمعه في يوم شديد البرودة وهو يقوم بذبح العصفور بعد صيده. فيقول له عصفور آخر: أنظر الى الصياد ما أطيب قلبه فهو يبكي علينا. فقال له العصفور الآخر: لا تنظر الى دمع عينيه وانظر الى ما تصنع يداه. ويصدق المثل على أمريكا، فلا تنظر الى الحرية التي تسمع بها وعنها في أمريكا (فهي الصياد) وانظر الى ما تجلبه الحرية من مآسي على الشعب الأمريكي وغيره من الشعوب الأخرى الفقيرة

(وهي العصافير). وقد تناولت هذه الحكايات من وجهة نظر أخلاقية علمية وليس وجهي نظرة ايديولوجية. مع العلم أن هذه الحكايات في أمريكا وحدها فكل نظام رأسمالي مادي سيكون مرتعا خصبا لهذه المشاكل ومنها اليابان واوروبا وأسترالية وكندا. ولكن لأن التراث الأمريكي ليس عنده تابو معين يمنعه من الابتكار (نظرا لشعار الحرية المطلقة أحيانا) وليس عنده مقدس خال من الانتقاد فهو تراث يسجل الانحرافات في المجتمع ويسلط الضوء عليها لأنها أساس من أسس حياته التي تقوم عليها. فالجرائم كما نعلم يتبعها مؤسسات مثل المحاكم لاجراء المحاكمات ولاصدار العقوبات. والمحاكمات تحتاج الى أدلة من رجال البوليس والتحقيقات، كما تحتاج نظاما تشريعيا وقضائيا. وكلها مؤسسات نفعية وظيفية تقوم بخدمات مقابل رواتب أو أجور. وهذه الرواتب أو الأجور تخلق تفاوتا في المجتمع الأمريكي بين طبقات الناس فتكثر الجرائم وتعمل المحاكم وتنشط دوائر التحقيق ومؤسسات التشريع وهكذا. وهذا كله يؤثر سلبا أو ايجابا في النظام الاقتصادي الأمريكي أو أي نظام رأسمالي آخر. وليس في قول أن الجريمة والانحراف يمثلان العمود الفقري للاقتصاد الأمريكي مبالغة. وقد تقع مجموعة الحكايات الواردة تحت عنوان: من أغرب ما رأيت! أو أمريكا وما أدراك أمريكا. الا أنه قد تم اختيار عنوان: حكايات من أمريكا لأنها تتضمن كلا الجانبين الايجابي والسلبي من الحياة الأمريكية في مختلف جوانب الحياة المستقيمة والمنحرفة في المجالات السياسية والاجتماعية والأخلاقية. وقد نهجت أسلوبا

8

منطقيا في التعليق والتحليل عليها، راجيا أن يستفيد منها القراء والقارئات في كل مكان. والله الموفق لما يحبه ويرضاه. ويرجى ممن يريد نشر هذه الحكايات أن يشير الى مصدرها واسم كاتبها فحقوق الطبع محفوظة للمؤلف وعنوانه:

Email: hy2006us@yahoo.com

1
الحكاية الأولى

حول ماذا يتحدث الأمريكان عند تجمعهم في الأعياد؟ قد يقول القارئ: أكيد عن السياسة. ولكن الجواب غير صحيح. ففي دراسة ظهرت مؤخرا حول المواضيع التي يطرقها أفراد العائلات الأمريكية حين يتجمعون في عطل الأعياد والتي يطلقون عليها: مناسبات اتحاد أفراد العائلة وهي من المناسبات التي تجمع (Family Reunion). الأفراد المتفرقين في أنحاء الولايات المتحدة للعلم أو العمل أو الاغتراب فيلتقون ليوم أو يومين مع بعض ثم يتفرقون ثانية ويغادرون من حيث أتوا. وفي الدراسة التي ذكرناها سابقا كان السؤال حول المواضيع التي يتحدث فيها أفراد العائلة عند تجمعهم فكان ترتيبها كما يلي: 68% في المائة قالوا أنهم يتحدثون في أمور العائلة وأخبارها (ماذا حصل لكل منهم من تغييرات حياتية منذ اللقاء السابق كطلاق أو زواج أو حب جديد أو وظيفة أو مغامرة)، ويشكل موضوع الأطفال بنسبة 10% في المائة الموضوع الثاني ثم موضوع الهدايا وترتيبه الثالث

في المواضيع المطروحة للحديث بنسبة 8% في المائة، والموضوع الرابع هو الرياضة بنسبة 4% ثم موضوع الطعام بنسبة 2%، ثم يأتي موضوع العمل بنسبة 2% أيضا. وكما ترى فان موضوع السياسة لا يطرقه الأمريكان أبدا حين يلتقون . فالسياسة لها متخصصوها وليس من شؤون العائلة في اجتماعاتها العائلية أن توجع رأسها بها كما نعمل في بلادنا العربية. وكأن الناس في البلاد العربية سياسيون بالفطرة فهم يأكلون ويشربون سياسة وينامون على السياسة ويسبون على السياسة وهم أبعد ما يكون عن فهم السياسة ، وما يجري خلف كواليسها. وهذا أمر غريب فعلا. فاذا أردت أن تنسى السياسة نهائيا فهاجر الى الولايات المتحدة إن استطعت الى ذلك سبيلا للتحدث عن أمورك العائلية والرياضة والعمل واللهو وتطلق السياسة الى الأبد.

2
الحكاية الثانية

من الأمور التي يوصف بها موظفو دائرة خدمات الميزانية الداخلية (IRS) التي تجمع الضرائب في الولايات المتحدة أنهم بلا قلوب ولا عاطفة فهم يلاحقون رئيس الجمهورية بنفس الأسلوب الذي يلاحقون فيه أصغر موظف في الولايات المتحدة. وهناك قول للتندر حول التعامل مع تلك الدائرة: يمكنك أن تضحك على كل الناس وتغشهم، ولكنك لا تستطيع الغش مع دائرة الميزانية الداخلية. فهي تعمل كبيت المال الذي يجمع من الموظفين والمؤسسات والمصانع الضرائب السنوية لتدفع للفقراء ومنسوبي التأمين الاجتماعي من كبار السن والعاطلين عن العمل. وقد بلغت هذه الدائرة من القوة بأنها لا تسأل فقط عن ضريبة مداخيل السنة الحالية بل تسأل أيضا عن مداخيل السنوات السابقة، حيث أن لها سجلات لكل عام منذ بدايات الحكم السياسي في الولايات المتحدة. والخبر الطريف الذي تناقلته الأنباء مؤخرا أن موظفة في تلك الدائرة قامت بعد تقاعدها عن العمل بالتبرع بمبلغ 22 مليون دولار لجامعة يهودية في الولايات المتحدة ليصرف على الأبحاث العلمية. والغريب في الأمر أن الموظفة كانت قد تقاعدت عام 1944 بعد 23 سنة خدمة مع دائرة الضرائب حيث قامت باستثمار مبلغ خمسة آلاف دولار في أسهم من الأسواق المالية. وعند ما بلغت سن المائة وسنة واحدة توفيت

وكانت قيمة أسهمها الأستثمارية قد بلغت 22 مليون دولار. فقد كانت أسهمها في شركات الكوكا كولا وشركة بارامونت لانتاج الأفلام وغيرها من الشركات الكبرى. ويقال أن الموظفة واسمها آن شايبر كانت تعيش وحيدة وقد قررت التبرع بكل ما تملك لجامعة يهودية اسمها جامعة ياشيفا لمساعدة الطالبات اليهوديات خاصة. وقد أدلى رئيس الجامعة بأنه كان مندهشا جدا ولم يصدق ذلك في البداية واعتقد أنها نكتة. ولكنه أوضح أن المنحة ستذهب الى كلية (شتيرن) أو البرت آينشتاين الطبية التي تحتوي 900 طالبة ضمن عدد الطلاب الذي يبلغ الستة آلاف. والجامعة تقع في منطقة مانهاتن بنيويورك وقد تسلمت الجامعة قبل عامين مبلغ 40 مليون دولار منحة من أحد الأغنياء. وقد قال محامي السيدة شايبر المتبرعة بالمبلغ أن رغبتها كانت في أن يصرف المبلغ لمساعدة الفتيات ضد العنصرية والتمييز بين النساء والرجال لأنها كانت ضحية هذا التمييز خلال عملها فقد كانت تحمل شهادة في القانون ولكنها لم تحصل على ترقية تلك الأيام لأنها امرأة. ولم تكن سعيدة في وظيفتها مع دائرة الضرائب. ويقول أحد المقربين منها أنه يعرفها منذ عام 1950 فهي لم تكن تبتسم أبدا. ولم تكن تحب أن يتدخل في شؤونها أحد خاصة حول ما تملك من دولارات أو استثمارات. وقد تضمنت وصيتها مبلغ 50 ألف دولارا لاحدى قريباتها و100 ألف الى جمعية أمريكية (يهودية) تجمع الأموال لمعهد اسرائيلي متخصصا في تطوير التكنولوجيا الحديثة. فهل يتعلم الأغنياء العرب من هذه المانحة لدعم معاهد أبحاث التكنولوجيا في البلاد العربية

وهم أحياء قبل أن تندثر أموالهم بعد رحيلهم؟ أعتقد أن بعض المحسنين قد بدأ بفعل ذلك. فلعل وعسى.

****

3
الحكاية الثالثة

من ملامح الحياة في الولايات المتحدة التقدم التكنولوجي في مجال الانترنيت الذي يسير جنبا الى جنب مع تصاعد الجريمة وكلاهما يمثلان روح العصر المعلوماتي في أمريكا. أما الانترنيت فهو من الاختراعات الجديدة التي تفتح نافذة اخبارية معلوماتية خاصة بالفئة التي تملك وسائل الاتصال عبر أجهزة الكمبيوتر ومنهم أصحاب الأعمال والمتخصصين في الطب والهندسة والفضاء والعلوم الانسانية وأخيرا الطلاب في الجامعات والكليات المختلفة . وهو الآن على اتصال عالمي بكثير من الدول والمؤسسات خارج الولايات المتحدة. وقد فتح الانترنيت (ومنه أمريكا على الخط) نوافذ جديدة لمستعمليه على الأسواق التجارية والمبتكرات العصرية وحجوزات السفر والسياحة والأفكار الجديدة بما فيها عالم الجريمة. والأخيرة هي عصب التفكير في الولايات المتحدة نظرا لأن هدف الحكومة الديمقراطية هنا هو سعادة المواطنين والمحافظة عليهم في جو تغمره الحرية ويتمتع المواطنون تحتها بالشراء والبيع وتبادل السلع من الكتب

وقطع النقود القديمة الى اللوحات الفنية المسروقة مرورا بعروض الجنس والتعري والتدريب على استعمال المتفجرات. كل هذا مقابل قسط شهري يدفع لشركات الهاتف المالكة لقنوات الانترنيت. والجريمة في الولايات المتحدة كما قلنا مرتبطة بالتقدم العلمي في مجال الانترنيت أو غيره من وسائل التكنولوجيا الحديثة. وقد بدأت بعض الجهات الدينية والانسانية مؤخرا بالتركيز على مناقشة مدى فائدة الأنترنيت أو ضرره على الأخلاق العامة خاصة بين الأطفال فقد بدأ الانترنيت بعرض صور اباحية وتزييف صور خلاعية للممثلين المشهورين وعرضها على قنوات الأنترنيت. وقد علق أحد الأشخاص على الأمر فقال: هذا جزء من ثمن الحضارة المعلوماتية في الغرب.

****

4
الحكاية الرابعة

العلاقة العرقية بين السود والبيض لها تاريخ طويل في
الولايات المتحدة فقد أفاد تقرير لوزارة العدل صدر
مؤخرا بأن عدد المساجين السود في الولايات المتحدة قد
فاق عدد المساجين البيض لأول مرة في تاريخ الولايات
يمثلون أكثرية الشعب المتحدة. ومعنى هذا أن البيض
الأمريكي خارج السجون أما السود فيشكلون أكثرية
الشعب الأمريكي داخل السجون. فلم تعد السجون في
أمريكا تتسع للأعداد المتزايدة من الخارجين على القانون
نظرا لتشديد العقوبات على المتعاملين في مجال
المخدرات من التجار والزبائن. حيث إن كثيرا من
الجرائم لها صلة وثيقة بالمخدرات وتسويقها كحالات بيع
الأطفال والعنف المدني ضد الزوجات والأطفال. وتعاني
دائرة العدل في البيت الأبيض التي وزعت مؤخرا نتائج
عملية الاستبيان الذي قامت به دائرة الاحصاء فيها من
هذه الزيادة في أعداد المساجين التي بلغت في سنة واحدة
07(بين 30 يونيو 1994 و30 يونيو 1995) من 897
وأصبح المجموع 1104074 سجين في السجون
الفدرالية وسجون الولايات. وهذا الرقم لا يحتوي حوالي
نصف مليون في سجون المدن والمقاطعات المحلية.

فالمجموع يصل الى 1,6 مليون من المساجين البالغين الذين يعيشون خلف القضبان وبهذا تكون الولايات المتحدة ليس فقط أقوى دولة في العالم ولكن الدولة رقم واحد أيضا في حبس مواطنيها. ويساوي هذا الرقم ثلاثة أضعاف الرقم المسجل عام 1980. ولا تشكل نسبة المساجين في أمريكا أعلى نسبة في العالم فحسب وانما أعلى نسبة في تارخ الولايات المتحدة. أما من حيث العرق فان عدد المساجين السود من الذكور قد بلغ ثماني أضعاف المساجين البيض من الذكور وتزيد الدهشة أكثر لأن عدد سكان السود في أمريكا لا يتجاوز 20% في المائة من السكان. وهذا مما يزيد من مشكلة الأطفال السود الذين يتركون بلا عائل بالغ لارشادهم. ومن حيث الجنس فان نسبة عدد المسجونات وصلت الى 6,3 في المائة   أي حوالي 100800 سجينة. وفي تعليق للاحصائيين التابعين لوزارة العدل فان 60 % في المائة من المساجين في السجون الفدرالية لهم علاقة بالمخدرات في عام 1994 مقابل 25 % في المائة في عام 1980. أما أعلى نسبة في زيادة الجريمة والمساجين فتوجد في ولاية تكساس التي زادت فيها النسبة خلال عام واحد 27 % في المائة وأقل نسبة وجدت في داكوتا الشمالية. أما الولايات التي قل فيها عدد المساجين عن السنة الماضية فهي ولايات ألاسكا وأركنساس ومين وكارولينا الجنوبية وواشنطن دي سي. ويعيد المتخصصون في الدراسات الانحرافية في المجتمع هذه الزيادة في عدد المساجين الى قسوة الأحكام على المجرمين مما لا يميز بين الجرائم الجدية والجرائم البسيطة في جرائم المخدرات. ويدعو

آخرون الى اعتبار هذه الجرائم كمشاكل صحية عامة. بينما آخرون يقترحون أن الملايين أو البلايين التي تصرف على السجون يمكن توفيرها لو صرفت على التعليم والارشاد للوصول الى الشباب قبل أن يصلوا الى مرحلة دخول السجون.

****

5
الحكاية الخامسة

يعمل الأمريكيون عادة من الساعة الثامنة صباحا الى الخامسة مساء من كل يوم لمدة خمسة أيام تبدأ الاثنين وتنتهي الجمعة. أما عطلة نهاية الاسبوع وهي السبت والأحد فيقضيها الشعب الأمريكي هذه الأيام في السهر والمرح والسكر والتسوق الاستهلاكي لتحضير هدايا عيد الميلاد ورأس السنة الميلادية. وتعتبر الفترة الواقعة بين عيد الشكر 23 نوفمبر ورأس السنة الجديدة من أكثر الفترات مبيعا في أمريكا. فالاقتصاد الأمريكي يعتمد على ثلاثة قواعد هي التصنيع والاستهلاك والتوزيع وقد بلغ الأمريكان في ذلك شأوا بعيدا. ويستغل الأمريكيون أعياد الميلاد في أمريكا للتسوق والشراء، ويعتمد السوق على هذه الفترة من كل عام ليزيد بل يضاعف من المبيعات ليغطي خسائر بقية الأشهر. ويعتبر اليوم الذي يلي عيد الشكر (23 نوفمبر من كل عام) مع اليومين الذين يسبقان عيد الميلاد ورأس السنة الميلادية من أفضل الأيام للتجار. والأمريكان مولعون بالتسوق الاستهلاكي خاصة اذا كانت هناك وسائل اغرائية في فن التسويق مع تنزيلات حقيقية. ولا يكتفي الزبون بشراء شيئ واحد وكفى وانما يشتري عددا من الأشياء. وهناك عدة عوامل في فن التسويق تشجع الزبون على الشراء فهم يتبعون وسائل ذكية لاغراء الزبائن بالشراء ومنها أولا: تسهيل

اعادة هذه المشتروات من قبل المحلات التجارية والتساهل في اعادتها لشراء غيرها كمبادلة أو كدفع أثمانها لشراء أشياء أخرى. ومنها ثانيا: الشعار المعروف لكل زبون وكل تاجر وهو شعار: الزبون دائما على حق وهذا يشجع التسوق سواء كان الزبون محتاجا الى ما يشتريه أم لا. والعامل الثالث لاغراء الزبائن للشراء والتسوق فهو حسن العرض للبضائع حيث إن الأسواق للمتسوقين نظرا (تصبح فرجة وبهجة (مثل السيرك أما العامل .للتنافس الشديد بين التجار والمحلات التجارية الرابع فهو تصميم الدعاية والاعلان عن البضاعة وطرق العرض والدعاية السحرية لجذب الزبائن للتسوق أو زيارة المحلات المعلنة ومنها الخصومات على البضائع أو عمل جوائز للزبائن . وهكذا. أما العامل الاغرائي الخامس فهو تسهيل استعمال بطاقات الائتمان (Credit Cards) وقبولها لشراء البضائع من دولار الى ألف دولار أو أكثر. أما العامل السادس على تشجيع التسوق فهو الكفالات المعطاة على المبيعات لمدة شهر أو ستة أشهر أو سنة مما يتناسب مع البضاعة المشتراة. ومن وسائل الاغراء أيضا للتسوق البيع بالتقسيط أو ما يسمى بدفع ثمن البضاعة على قسطين أو ثلاثة، حيث تقوم المحلات التجارية بحجز البضاعة لديها باسم الزبون حتى يكمل ثمنها. وهذا مما يساعد على تشجيع زيارة الزبون الى المحلات التجارية لدفع الأقساط لبضاعته أولا ومن ثم التبضع وشراء أشياء أخرى تناسبه. وهكذا. هذا بالاضافة الى تواجد المطاعم وفروع البنوك في تجمعات الاسواق التجارية الكبيرة كالمولز (Malls)

ووجود ألعاب الأطفال (Plaza) والمتوسطة كالبلازا
والمراجيح والعربات الصغيرة للأطفال وهم يشكلون
عبئا كبيرا على الوالدين اذا كانوا محمولين على الكتف
أو الذراعين كما أن سهولة المواصلات الى الأسواق
تساعد الناس وتغريهم للقيام برحلة التسوق أما النظام
والترتيب فلا تسأل فهو يفوق الوصف. أما الشيئ الأخير
فهو الابتسامة التي يتمتع بها الشباب والشابات فتدفع
الزبائن للشراء فهم هناك من أجل خدمة الزبون أولا
وأخيرا. فاذا قمت بزيارة الولايات المتحدة ان استطعت
اليها سبيلا فلا تنس زيارة أسواقها المتلألئة بالأضواء
والابتسامة الحلوة والصحبة الطيبة فهي رحلة ممتعة تأخذ
من الزبائن طيلة النهار وبعض الليل وأحيانا كله.

****

6

الحكاية السادسة

تحذير حكومي: التدخين يضر بصحتك، وننصحك بالامتناع عنه. هل قرأت هذا التحذير تحت كل اعلان عن التبغ والسجائر في الجرائد والمجلات؟ لا أعتقد أن أحدا يخطئ قراءته. ولكن الناس ما زالوا يدخنون. هذه المشكلة صحية أساسا وأكثر تأثيرا على الأطفال والنساء الحوامل. وقد أثبت العلم أن هناك أثر سلبي للتدخين على وزن الأطفال المولودين حديثا للأمهات المدخنات. فقد أجريت الدراسات في الولايات المتحدة على عينة كبيرة من النساء الحوامل (المدخنات منهن وغير المدخنات) فكانت النتائج كما يلي: بلغت النسبة بين المدخنات الحوامل على مستوى الولايات المتحدة ممن ينجبن أطفالا أقل وزنا من الوزن الطبيعي 11,5 % في المائة. وعند مقارنة النساء بالنسبة للعرق كانت النسبة كبيرة حيث بلغن نسبة النساء البيض من المدخنات 9,7 % في المائة بينما بلغت بين النساء الحوامل السود 22.1% (African American) وكذلك نسبة الأطفال الأقل وزنا للمدخنات. أما بين النساء الحوامل من غير المدخنات فقد كانت النسبة على مستوى الولايات المتحدة ممن ينجبن أطفالا أقل من الوزن الطبيعي 6,3 % وبين النساء الحوامل البيض 5 % أما بين النساء الحوامل

السود من غير المدخنات فقد بلغت النسبة 11,9%. ولمعرفة مدى تفاقم مشكلة التدخين خاصة بين الحوامل فيمكن مقارنة نسبة الأطفال الذين يولدون أقل وزنا بين المدخنات وغير المدخنات في أي مجموعة حوامل (أي 22,1% و11,9% بين النساء السود و 9,7% و 5% بين النساء البيض) يستطيع القارئ ملاحظة الفرق الذي يصل الى الضعف تقريبا بين الحوامل السود مما دعا الأطباء والمختصين في الشؤون والخدمات الاجتماعية والصحية لربط العلاقة بين تدخين الامهات ووزن أطفالهن. ورغم أن كثيرا من الأبحاث تؤكد ذلك ما زالت المعركة حادة بين شركات التبغ والسجائر من جهة وبين المنظمات الصحية وشركات التأمين من جهة أخرى. وقد تدخل الرئيس كلنتون مؤخرا في الموضوع فقدم قانونا يمنع الاعلانات عن السجائر قرب المدارس ومؤسسات الأطفال. ولكن الأمر ليس بهذه السهولة خاصة وان الانتاج للتبغ وملحقاته يبلغ بلايين الدولارات سنويا على الدعاية والاعلان ورواتب الموظفين مما يؤثر على الاقتصاد الأمريكي ويجعل الآلاف من الموظفين العاملين في شركات التبغ بلا وظيفة اذا اشتد الأمر بين الطرفين. ورغم تفاقم المشكلة ما زلنا نقرأ تحت اعلانات السجائر: تحذير رسمي أو تحذير حكومي: التدخين يضر بصحتك، وننصحك بالامتناع عنه.

****

7

الحكاية السابعة

اختلف طالب صدق المثل القائل: ومن الحب ما قتل. فقد مع صديقته فقام باطلاق النار عليها في ساحة مدرسة ريشلاند الثانوية بولاية تينيسي. ولم يكتف الطالب بذلك بل خرج الى باحة المدرسة حيث كان المدرسون والطلبة يستعدون لدخول الحصة القادمة وبدأ باطلاق النار على من يراه أمامه فاصاب مدرسين اثنين فانبطح الجميع على الأرض. ولم يكتف الطالب بذلك فدخل ساحة الرياضة (الجيم) فأطلق النار على الحضور فأصاب اداريا وبعض الطلبة. والطالب هو جيمي روس في السنة الأخيرة (الصف الثاني عشر) وقد قال شهود عيان أن الطلبة كانوا يتناولون طعام الافطار حينما انفجر الطالب غاضبا وسحب مسدسا متوسط الحجم وبدأ يطلق النار جزافا وقد سمع الطلاب الطلقة الأولى ثم أعقبتها طلقات. ولم يسلم سلاحة حتى قفز عليه عدد من المدرسين فأخذوا منه المسدس واتصلوا بالشرطة. وهذه الحادثة ليست عابرة فقد زادت الحوادث في المدة الأخيرة وذلك لعدة أسباب منها: التراخيص الحكومية التي تعطي الحق بتملك سلاح. ومنها أيضا أن تجار السلاح لا يهمهم المشتري بل المال. وثالثا الحرية التي يتمتع بها الناس في أمريكا وهي أحيانا زائدة عن الحد المعقول. وآخرها الحالة النفسية التي يعيش الطلاب فيها في المجتمعات الرأسمالية

وهي تولد الاحباط عند الشباب لصعوبة تحقيق آمالهم حيث تعبئهم. فيما يتصورون أنهم قادرون على فعله وسائل الاعلام بتخيلات جوفاء مفادها أن الذي يحلم بشيئ سيحصل عليه. ويفاجأ الشباب بأن تلك الأحلام لم تتحقق فيفقدون صوابهم ويتصرفون بحمق ضد المجتمع الذي يعيشون فيه دون تطلع الى قيم ولا الى أخلاق ولا الى دين. وهناك أمر آخر يؤثر في انحراف الشباب بشكل عام وهو أنهم يتشبهون بالمجرمين الذين يظهرون على شاشات التلفزيون وكأنهم أبطال. فهذا رجل يفتح النار على رواد مطعم لأنه غضب مع صديقته. وآخر يفتح النار على زبائن البريد العام لأنه فقد وظيفته. وثالث يقتل مدير المدرسة والمدرسين لأنه اختلف معهم في الرأي. وقد اتخذت السلطات مؤخرا في بعض المدارس الأمريكية احتياطات خاصة عند اقامة المباريات والمناسبات العامة حيث لا يدخل أحد الى المدرسة الا بعد تفتيش دقيق بواسطة أجهزة أمنية الكترونية خاصة. إنما الأمم الأخلاق ما بقيت.

****

8

الحكاية الثامنة

كثر الحديث مؤخرا عن حرية المرأة الذي تنادي بها الدول المتقدمة صناعيا وتنحو باللائمة على المجتمعات التقليدية بأنها لا تحترم المرأة وتجردها من حقوقها دون أن تقارن وضع المرأة في مجتمعاتها مع المجتمعات الأخرى. فقد ظهرت مؤخرا دراسة طبية حول ضحايا الاعتداءات من النساء في المجتمع الأمريكي مما يسمونه Domestic abuse - وقد كان من نتائج الدراسة أن امرأة من كل ثلاثة نساء كانت ضحية للاعتداء القاسي. وأن نصف النساء في أمريكا قد اعتدي عليهن قبل بلوغهن سن الثامنة عشرة. وقال خبير في أبحاث الأستفتاء (Surveys) أن نتائج الدراسة جاءت متفقة مع التقديرات الأولية لحجم الاعتداءات على النساء. وقد ضمت الدراسة التي قامت بها جامعة جون هوبكنز عن طريق كلية الطب في بلتيمور 1952 امرأة بالغة كما غطت فترة زمنية بين فبراير ويوليو من عام 1993. وقد ساعد فريق البحث عدد من الممرضات المدربات على طرق البحث بطريق الاستفتاء. وقد تم توزيع الاستفتاء

على النساء اللواتي يأتين للمعالجة كضحايا لاعتداءات شخصية من قبل آخرين. وكان من الأسئلة التي طرحت على النساء اذا ما كانت ضحية اعتداء جنسي أو شخصي ومتى كان ذلك بالأضافة الى أسئلة حول حالتهن الصحية والنفسية الحالية.

وقد زاد الاهتمام مؤخرا بقضية الاعتداء على النساء وقامت الجمعيات النسائية باثارة الموضوع بعد براءة اللاعب المشهور أو. جي. سيمبسون من تهمة قتل زوجته نيكول وصديقها جولدمان. كما قامت كثير من البرامج التلفزيونية باستضافة نساء تم الاعتداء عليهن واستضافة من قام بالاعتداء عليهن وتحليل الظاهرة علنيا. وقد علق أحد المشاهدين على الظاهرة فقال: انما الأمم الأخلاق.

****

9
الحكاية التاسعة

يقول المثل الشعبي: باب النجار مخلع. وهذه الحكاية عن مستشار في حل مشاكل الغضب بالمفاوضات لم يتماسك نفسه حين أفلت منه زمام الأمر فقام بضرب أحد طلابه الذين يحضرون درسا له في ضبط النفس. والسبب أن الطالب قد حضر الى الفصل وهو مخمور. وقد حصلت الحكاية في الولايات المتحدة. وكان من آثار الحادث أن الطالب المضروب اعتبر معطل الدماغ من جراء الضرب المبرح من المستشار المتخصص في ضبط النفس واسمه شارلز ماهوكا. وقد كان المدرس تحت التجربة لاعتدائه من قبل على شخص آخر. وقد تم القبض عليه كمشتبه به لضربه ميغيل غونزاليس في أحدى الجلسات التي كان هدفها التحكم في المزاج عند الغضب وضبط النفس. وقال شاهد عيان أن ماهوكا وعمره 39 عاما قام بلطم غونزاليس فرماه أرضا ثم بدأ يركله ويرفسه عدة مرات وهو على الأرض. ولم يتوقف عن الركل رغم تدخل المشاهدين للحادث. ويقال أن مستشار ضبط النفس فقد أعصابه كان مخمورا هو الآخر

29

فلم يسمع كلام الحاضرين الذين طلبوا منه التوقف عن ضرب غونزاليس. أما غونزاليس فقد كان يحضر هذه الجلسات للتحكم بأعصابه عند الغضب بأمر من المحكمة التي قضت عليه بحضورها لأنها أدانته في حادث اعتداء بالضرب على صديقته. فنال عقابه بالضرب المبرح من أستاذه الأقوى منه الأكثر غضبا والأكثر سكرا.

****

10
الحكاية العاشرة

اذا تحكمت الغيرة في شخص فان الغيرة كما يقال قاتلة.
فاذا كانت المرأة تغار على زوجها فماذا تفعل؟ هل تكتم
غيظها وتسلم أمرها لله أم تحاول الاقتصاص من زوجها
بالجلوس عليه حتى يقر بذنبه؟ هذا ما حصل في
نورستاون-بنسلفانيا. والحكاية تقول أن امرأة اسمها جانيتا
أخلي سبيلها بعد أن قضت عقوبة بالسجن وكان أول عمل
قامت به هو السؤال عن صديقها فعرفت بعد التقصي
والبحث أنه نشز عنها وغير هواه باعادة علاقته مع
صديقة أخرى. فتحركت الغيرة ، فلم يكن من جانيتا الا
أن بحثت عنه حتى صادته يوما في محل لبيع الخمور
فهاجمته وقيدته الى كرسي وببساطة جلست بكل ثقلها
فوقه تأديبا له على فعلته النكراء وارغاما له على العودة
اليها. والجدير بالذكر أن وزن جانيتا هو 170 باوندا
وعمرها 27 عاما، بينما يزن وليام-وهذا اسمه-130
باوندا وعمره 37 سنة. وقد كشف عملية الاعتداء هذه
رجال الشرطة الذين حضروا لبحث الهجوم ومعرفة
الفاعلين فعرفوا أن جانيتا حاولت العثور على وليام في

31

أكثر من مكان وأخيرا عثرت عليه في مكان عمله ، وما أن قابلته حتى ثار غضبها وقامت بتحطيم زجاجات الخمر على رأسه ثم هجمت عليه. ويقول تقرير البوليس أن مجموع القناني المكسورة كان 25 قنينة. كما يقول أن جانيت حكم عليها بالسجن ثلاثة أشهر لمخالفتها قرار المحكمة بالصرف على أولادها. وحين سئلت لماذا فعلت ذلك؟ قالت جانيتا: انها أفضل طريقة أقدر عليها لفرض سلطاني عليه فهو يستحق أكثر من ذلك.

****

11
الحكاية الحادية عشرة

هل سمعت بقصة طفل طلق امه وأباه؟ أخيرا حصل غريغوري على أمنيته في الأسبوع الأخير من سبتمبر 1992. فقد حكمت محكمة أورلاندو في فلوريدا بالسماح لغريغوري أن يعيش مع العائلة الجديدة التي تبنته. وقد كان الحكم ضد والدي الطفل الذين حرما من رؤيته بأمر المحكمة. وحكاية غريغوري شفافة وحزينة، فمنذ أن كان في الرابعة من عمره وهو يدخل بيتا ويخرج من بيت ولم يقض سوى (Foster Family) لايواء الأطفال أشهر قليلة مع أمه خلال السنوات الثمانية الماضية. وقد أدلى غريغوري بتفاصيل عن علاقة أمه به ، فهي كما قال لم تتصل به حتى بالتلفون ولم تقم بزيارته ولم تكتب اليه، وقال بمرارة: اعتقدت أنها نسيت أن لها ولدا اسمه غريغوري كما أنه لا يتذكر أباه سوى أنه خرج من البيت مرة ولم يعد اليه بعدها. وقد نالت قضية غريغوري اهتماما خاصا وكبيرا على مستوى الولايات المتحدة فهي تعتبر أول قضية يقف فيها ابن في محكمة يطالب بحقوقه قانونيا ويطلب طلاقه من والديه ويرجو انتزاعه من أمه وأبيه الحقيقيين واعطائه الى أبويه بالتبني. ورغم أن هناك قوانين مرعية حساسة وجدت لحماية حقوق الأطفال أمام سوء معاملة أبويهم الا أن قضية غريغوري اعتبرت شيئا جديدا، فماذا تعني؟ انها قضية انتصر فيها المطالبون بحقوق الأطفال فهم منذ زمن طويل يطلبون من الولاية أن تتدخل عن طريق المحاكم في تقييم شئون

الأسرة وخاصة في الأسر التي تعامل أبناءها وبناتها معاملة لا أنسانية ولا أخلاقية خاصة حين يحصل الضرر على الأطفال. كما أنها بالمقابل قضية تعني فشل مؤسسة العائلات الراعية للأطفال التي تأخذ وقتا طويلا لتساعد الأطفال المحتاجين للرعاية، لأن أهم وظيفة تقوم بها المؤسسة هي اعادة توحيد الأسر وايجاد بيوت تسودها المحبة والهدوء والاستمرارية للأطفال في أسرع وقت ممكن قبل أن يضيع الأطفال ويسبق السيف العذل كما يقال.

كما أن قضية غريغوري (أو شون روص وهذا اسمه الجديد) قد أخذت ثمانية أعوام طويلة لتصل أخيرا الى حل. ولكن هناك أطفالا كثيرين مثله قضوا مدة ربما أطول في رعاية الولاية أو حتى لم يجدوا بيتا يلمهم ويرعاهم، فالمشكلة عامة في كل ولاية ومن أهم نتائجها أن تمردا جديدا من الأبناء ضد آبائهم قد باركته الدولة ودعمته المحاكم في الولايات المتحدة ... فهل هناك من حل لتقوية روابط الأسرة بدلا من تفتيتها. لعل وعسى.

****

12
الحكاية الثانية عشرة

اذا كنت في موقف الطبيب الذي يرى أنه لا علاج لحالة مريضه الا بمساعدته على الانتحار فهل تساعد المريض على الانتحار؟ هذه قصة طبيب اسمه كيفوركيان يعيش في ميشيغان. وقد كان عمله بعد أن تقاعد يتلخص في أنه عثر أو اخترع طريقة جديدة للمساعدة على الانتحار خاصة بين كبار السن وقد قام بتجربتها فنجحت تماما في قبض أرواحهم بكفاءة عالية. وقد نجح في الانتحار كل من استعمل طريقة الدكتور كيفوركيان. ويبلغ عمر الطبيب هذا 63 سنة (في عام 1992) وهو باثولوجست متقاعد وقد قامت الولاية بسحب اجازته لممارسة الطب أما من جرب اختراعه فهم عادة يسكنون في مناطق غنية قرب ديترويت في ولاية ميشيغان. ومعظم ضحاياه أو مرضاه من السيدات الكبيرات في العمر وفي كل مرة ينجح شخص في عملية الانتحار باستعمال طريقة الدكتور كيفوركيان يحاكم الطبيب ولكنه يخرج براءة في كل مرة. حيث لا يوجد جريمة ارتكبت في القانون تحت عنوان المساعدة على الانتحار. ويحاول ريشارد ثومبسون المدعي العام أن يستأنف الحكم ضد الطبيب ولكنه يتعجب لقلة المعلومات فهو لا يعرف أي معلومات محددة عن أو تفاصيل عن عمليات المساعدة على

الانتحار. وان كان قانون ولاية ميشيغان خاليا من فقرة عن المساعدة على الانتحار ، الا أن ولاية كاليفورنيا وواشنطن دي سي كانتا قد قدمتا مثل هذه القوانين ومنها المساعدة لبعض المرضى المزمنين على الانتحار تحت ظروف خاصة ولكن القانونين رفضا في الولايتين. بينما يعتبر البعض ما يقوم به الطبيب كيفوركيان عملا انسانيا يعتبره آخرون بأنه عملية قتل مع الاصرار. وقد زاد في المشكلة أن الطبيب قد ذاع صيته وبدأ يستقبل عروضا للمساعدة على الانتحار من ولايات أخرى. فهل هو طبيب قاتل أم طبيب رحيم؟

****

13

الحكاية الثالثة عشرة

اذا كتب الله لك العيش في أمريكا فكيف تتصرف اذا طلب منك ولدك الصغير أن تشتري له كلبا؟ فبعد ثلاثة أشهر تقريبا من وصولنا الى بلد الحرية والمساواة (أمريكا؟) جاءني ولدي الصغير وعمره خمس سنوات فجرى بيننا الحديث التالي :

قال لي: أريد كلبا صغيرا، (وقبل أن أجيب، ابتدرني بسؤال آخر لتوكيد طلبه):

لماذا لا نملك كلبا مثل الجيران؟

فحرت في الجواب بل صدمت للوهلة الأولى ، وبدأت أعصر ذكائي للبحث عن أفضل طريقة لأجابته عن سؤاله دون أن أجعله يحس بالذنب فاهتديت الى طريقة مكافحة السؤال بطرح أسئلة حوله وتسلحت بطريقة الهجوم وهي أفضل وسائل الدفاع .

قلت: أليس للكلب مخالب وأسنان؟

قال: نعم.

قلت: ألا يريد الكلب طعاما وخدمة خاصة للعناية به؟

قال: نعم.

قلت: هل تستطيع العناية بالكلب؟

قال: نعم.

قلت وهل تسمح له بالنوم في سريرك؟

قال: نعم.

قلت: هل تستطيع أن تأخذ الكلب معك الى المدرسة؟

قال: لا.

وعندها وجدت العذر في اجراء مجموعة من الأسئلة التي تعطي اجابة النفي بدلا من الأيجاب فلعل وعسى نصل الى تبرير مقنع.

قلت: هل لدى الجيران أطفال في مثل سنك؟

قال: لا.

قلت: هل تستطيع السهر مع الكلب طيلة الليل؟

قال: لا.

قلت: هل يمكن لك أن تجد للكلب زوجة تعيش معه؟

قال: لا.

وحين وجد طفلي أن الاجابة بلا قد زادت عن حدها، واستشف أن فكرة اقتناء كلب قد اضمحلت. سكت ونظر الى المجهول كأنه يعصر دماغه فأعاد التفكير في فكرة أخرى وفجأة نظر الي بنظرة المنتصر وقال :

- ما رأيك أن نربي فيلا؟

****

14
الحكاية الرابعة عشرة

يقولون في الأمثال: لسانك حصانك. إن صنته صانك.
ولكن هذه الحكاية عن شخص لم يصن لسانه. فقد كثرت
في الآونة الأخيرة ظاهرة امتزاج العلاقة بين الشاب
والفتاة من عرق آخر وخاصة بين الفتيات البيض
والشباب السود وخاصة الأغنياء منهم. كما قامت بعض
المسلسلات التلفزيونية بالتشجيع على بناء تلك العلاقات.
اضافة الى أن اللاعب المشهور أو. جي. سمبسون الذي
حكمت المحكمة عليه بالبراءة في قضية قتل زوجته
البيضاء وصديقها اليهودي. والجدير بالذكر أن هذه
الظاهرة لم تقبل في كثير من أحياء البيض. ومجرد اقامة
علاقة من هذا النوع يجر مشاكل كثيرة للفتاة أو الفتى.
وهذه الحكاية حصلت في مدرسة روك هيل الثانوية
بساوث كارولينا في الولايات المتحدة، وملخصها أن
مراهقا أبيض من طلاب المدرسة الثانوية عمره 16
عاما وجد في قاعة المدرسة الرئيسية فاقد الوعي بعد أن
ضرب ضربا مبرحا من قبل ستة طلاب سود . والسبب

أن الطالب طويل لسان معروف بأنه يميز بين السود والبيض بل ويحتقرهم ، وقد كان في قاعة مكتبة المدرسة حين سقطت صورة من حقيبة فتاة بيضاء لشاب أسود. فما كان من الطالب الأبيض الا أنه انتقد الفتاة ونصحها بالابتعاد عن الطالب الأسود وبناء علاقة مع الطلاب البيض ويقول الطالب المعتدى عليه واسمه هيوارد: قلت لها أنه من المؤذي وغير المقبول أن تصاحبي طلابا سودا. ثم خرج بعدها من المكتبة ففوجئ بستة طلاب سود يسدون عليه الطريق فقد سمعوا ما قال فبدأوا بضربه وركله فحاول الدفاع عن نفسه الا أن الكثرة غلبته فوقع على الأرض فاقد الوعي ، فاستغل الشباب الفرصة وانتقموا منه شر انتقام. ولم يكن يعلم هيوارد أنه يدفع مقابل زلة لسانه وكان الأولى به أن يتذكر القول العربي: لسانك حصانك.

****

15
الحكاية الخامسة عشرة

يعتقد الكثيرون أن الغربة تخلق الرجال. ولكن أليس للغربة ثمن؟ (أحسن من الشرف مافيش) هذه الجملة رددها توفيق الدقن كثيرا في الأفلام العربية. وفي أمريكا ما زال العرب يؤمنون بها بل ويدافعون عنها. فاذا سألت أحدهم عن أمريكا قال: والله كبرت البنت ولا بد لنا من العودة الى الوطن محافظة على الشرف. فأحسن من الشرف مافيش. وما جعل الأب يقول هذا هو أن اختلاف التراث بين الآباء والأبناء يؤدي الى الصراع والتناشز والتنافر، خاصة بين البنات والوالدين. وقد حذر علماء الاجتماع كثيرا من اتساع الشقة بين الآباء والأبناء وهم يعيشون في الولايات المتحدة. فتراث الأب يختلف اختلافا كبيرا عن تراث الأبناء الجديد ، كما نصحوا الآباء بزيادة الوقت الذي يقضونه مع أولادهم قبل أن يصلوا الى

فالتراث الأمريكي خادع بالحرية الزائدة. الصراع معهم والاعتماد على النفس والمعاملة اللينة للأولاد وتقطيع أواصر الأسرة فينخدع الأولاد والبنات ويعتقدون أنهم أصبحوا رجالا أو نساء يعتمدون على أنفسهم وأنهم يفهمون أكثر من والديهم الرجعيين. وأنهم مسئولون عن أنفسهم وهذه المميزات براقة زائفة الا أن لها معاني خاصة عند الوالدين فالتراث العربي المشرقي يعتبر الفتاة والفتى صغارا حتى ينهوا دراساتهم أو يتزوجوا وهم يعتزون بهذا التراث الذي يقدس الأسرة ويقوي أواصر المحبة فيها ويبذل الوالدين كل رعاية للأبناء حتى يشبوا أصحاء جسما وعقلا. والوالدين سعيدين للقيام بذلك. ولكنهم يفاجأون حينما يبدأ الأولاد بالثورة على هذا الحنان الأبوي فالفتاة تريد الخروج والعمل واختيار أصدقائها بنفسها ، والولد يريد الانتقال من البيت للعيش مع صديقته والعمل في وظيفة حقيرة تكاد لا تدفع سجائره. ويصعق الوالدان ويبدأون بطرح أسئلة على أنفسهم متعجبين: لماذا حصل ذلك؟ وكيف حصل ونحن قدمنا ونقدم لهم كل ما يحتاجونه طيلة السنين؟ وأين الأخلاق وأين بالوالدين احسانا؟ وأين التربية؟ وأين؟

وقد حصلت هذه الحكاية مع مغترب عربي جاء من احدى القرى فكان يحكم بيته بالحديد والنار . وكان لا يسمح لابنته بالتحدث أو المشاركة في مناقشة حول سيئات المجتمع الأمريكي ولم يكن يعطيها الوقت الكافي ليعرف المشاكل التي تواجهها في المدرسة فقد كان أبا فظا بمعنى الكلمة. فقد حرم عليها الحديث مع الشباب وحرم اتخاذ صديقات لها وحرم عليها فتح جهاز التلفزيون وحرم عليها الاشتراك في نشاطات المدرسة وكانت الفتاة تبدو لوالدها ملاكا. ولأمها أشرف بنت في أمريكا. الى أن جاءت في أحد الأيام بعد بلوغها سن العشرين وقالت لأمها : لقد تزوجت يوم أمس من شاب فأرجو أن تخبري والدي وتطلبي منه أن لا يغضب. فثارت الأم وبدأت بالبكاء وبدأت بطرح عشرات الأسئلة واحدة. وكانت الفتاة تجيب على أسئلة أمها بهدوء. دفعة فقد تعرفت على الشاب عن طريق صديقتها التي كانت تزورها أيام الآحاد. وعندها كانت تشاهد التلفزيون والأفلام الفاضحة، ثم تعرفت بصديق صاحبتها الذي عرض عليها الزواج وهو ليس على دينها. فقبلت لأنها تحبه وتهواه فهو جميل الطلعة ويحب شعرها المنسدل على أكتافها وقد ترك صديقته للزواج منها. وختمت الفتاة

حديثها قائلة: سواء رضي أبي أم لم يرض فأنا سأعيش مع زوجي اعتبارا من اليوم وقد جئت لأخذ حوائجي وهو ينتظرني بسيارته أمام البيت. وقامت بتوديع أمها وحملت حقيبتها وخرجت . والأم تفتح فمها منبهرة بما ترى. وفي اليوم التالي خرجت الصحف تزيد من الأسى على الوالدين وتقول: أب عربي يقتل ابنته لأنها تزوجت حسب اختيارها.

****

16

الحكاية السادسة عشرة

إذا سألك سائل: هل تؤيد عملية الاجهاض أم لا؟ فماذا تقول؟ كان في الولايات المتحدة قبل عامين وما زال موضوع ساخن يجري التحضير له من المجتمع الأمريكي وهو موضوع الاجهاض . حيث انقسم المجتمع الى قسمين أحدهما يناصر عملية الاجهاض والآخر يقف ضد الاجهاض ويعتبره قتل نفس. والمجموعة الأولى انقسمت هي الأخرى الى قسمين الأول يريد أن يكون حق الأجهاض للفتاة القاصر (أقل من 18 سنة) فقط دون الحاجة الى موافقة أو حتى علم والديها بذلك. أما القسم الثاني من المجموعة المؤيدة للاجهاض فتقول أنه يجب اعلام الوالدين أو أحدهما بعملية الاجهاض المنوي عملها للابنة كما يطالب هذا القسم بحق الوالدين في الموافقة أو عدمها لعملية الاجهاض. ولم يخل التلفاز ولا الصحافة من المعلنين لكل رأي من هذه الآراء ، وفي أحد البرامج التلفزيونية أجابت محامية احدى البنات (وعمرها 16 سنة فقط) على سؤال حول ما اذا كان يجب أخذ رأي أبي الطفل السفاح (الغير معروف أحيانا كثيرة خاصة في

حوادث الاغتصاب القسري والطوعي) فقالت المحامية:
ما يهمني هو جسم الفتاة، وليس الطفل. وعليه فاذا طلبت
الفتاة من القاضي أن يسمح لها بالاجهاض فلها ذلك ولو
لم يعلم بذلك الأب أو الأم. وللعلم فان 32 ولاية من
الولايات الخمسين قد أعطت الحق للمشرعين في السماح
بالاجهاض دون ضرورة اخبار الوالدين أو أحدهما. كما
أعطت حكومة الولاية التصرف والحرية في تشريع ما
تراه في الموضوع لجعله قانونيا. واشتدت الأزمة حيث
كان يتجمهر عدد كبير من المحتجين يتراوح بين 500 و
1000 شخص من كل فريق حول عيادات الاجهاض،
شخص 0حيث يتم في كل مرة اعتقال عدد لا يقل عن 70
من الفريقين وقد حصل ذلك في واشنطن العاصمة.
وكانت تهمة المعتقلين الخروج عن القوانين التي تنص
على عدم التجمهر قرب عيادات الاجهاض. ولكن الأمر
لم ينته عند هذا الحد فالقضية أكبر من ذلك.
وبالقاء نظرة على التراث الحضاري للولايات المتحدة
فانه يشجع لقاء الفتى بالفتاة ويبارك لقاءهما الجنسي بل
ويشجع الزنى من خلال مساعدة الشباب على العيش معا
والتمتع بحياتهما، ثم يأتي أهل المروءة فيدافعون عن حق
الفتاة وحق والديها في اجهاض الجنين بينما يتناسون

السبب الرئيسي الذي أدى اليه أصلا. انه تراث حضاري عجيب حقا. وقد كان أولى بهذا التراث أن يؤكد على أن اللقاء الجنسي بين الشباب مضر أخلاقيا قبل أن يسمحوا بلقاء الفتى والفتاة ويباركوا لقاءهما وقبل أن يحصل الحمل وتدخل الفتاة مرحلة الاجهاض، وهل ينفع انتقاد الأمر بعد وقوعه سواء رضي الوالدان أم لم يرضوا، فالمسألة أصبحت مناقشة النتائج (الحرام) بدلا من الحد من الحرام قبل وقوعه أساسا حسب ما تنادي به الأديان. وينسحب ما يقال عن الحمل قبل الزواج على الدعايات التي تحذر مثلا من قيادة السيارات بعد شرب الخمر ، فبدلا من تبيان سيئات الشرب أساسا يقولون: اشرب كما تشاء ولكن لا تقد سيارتك وأنت سكران. ومثل ثالث من التراث الأمريكي هو عند تعاطي المخدرات فيقولون للمدمنين منهم: تعاطوا المخدرات ولكن لا تستعملوا الابر التي يستعملها الآخرون، بل وقدمت احدى الشركات ابرا خاصة رخيصة لاستعمالها من قبل متعاطي المخدرات، وذلك بدلا من الصرف والتبرع بثمن هذه الأبر للتعليم والتوعية والارشاد لحماية الأبناء والبنات من الوقوع تحت وطأة المخدرات. انه عالم عجيب حقا.

****

17
الحكاية السابعة عشرة

محلات السوبرماركت في أمريكا للفرجة والتبضع. ولكن
هذه قصة حقيقية. الجهل أحيانا غير مطلوب عند التسوق
واقعية حصلت في احدى الولايات الأمريكية ، فقد جاءت
امرأة مع زوجها المبتعث الى أمريكا ولهما ولد وبنت
ورضيع، ولم يمض على قدومهما سوى شهرين حتى
عرفا من أين يشتريان حاجاتهما الغذائية اليومية،
وحاجات الغسيل والملابس . وعاد الزوج يوما من
الجامعة حيث كان في محاضرة له ففاتحته الزوجة وهي
باشة الوجه بالخبر الطريف السعيد فقالت:
- هل تصدق أني ذهبت اليوم الى (السوبرماركت)
واشتريت مواد الطعام، وخصوصا علب لحم وعلب
سمك ملونة للأولاد.
فقال لها الزوج: هل قرأت ما عليها. أنا خائف أن تكون
لحم خنزير.
فقالت له تقنعه: عليها صورة سمك . قصدك أنا ما أفهم
وذهبت الى المطبخ بسرعة وأحضرت علبتين ناولتهما
للزوج ، فبدأ يقلبهما ويقرأ ما عليهما. ثم نظر اليها وقال
بهدوء:

- عسى ما اشتريت كثيرا من هذه العلب؟!

فقالت له: قلت لك أن عليها صورة سمك.

قال الزوج: (وهو يحاول ضبط أعصابه): هل أكل الأولاد منها؟

فقالت: لا .... ولكن أحضرت من هذه العلب ما يكفيهم على الأقل ثلاثة أشهر.. .... انها علب تفتح بسهولة... وهي ملونة ورخيصة وعليها تنزيلات.

فقال الزوج: ارميهم بالزبالة فورا.

فصعقت الزوجة وصاحت: هل جننت ... نرمي فلوسنا في الزبالة؟

فقال الزوج: هل تعرفين ما في العلب؟

قالت (وكأنها تتحزر): لحم خنزير! .... لحم فاسد! لا....هذا غير معقول.

قال الزوج (شارحا الأمر): لا .... انه طعام كلاب وقطط معلب.

****

18
الحكاية الثامنة عشرة

هل عندك ابن يريد أن يغير العالم؟ اذن اقرأ هذه الحكاية.
روى لي أحد المغتربين العرب يوما هذه الحكاية فقال:
جمعتني الصدفة بعد تخرج ولدي الوحيد مع زميل يعيش مثلي في الولايات المتحدة منذ أكثر من عشرين عاما
:فقال لي
!! هل تعلم بأن ولدي سيغير هذا العالم -
:فسألته مستعجبا
أي عالم تقصد؟ -
.فتنهد وقال: هذا العالم الذي نعيش فيه
فقلت له: وكيف ذلك؟ وما الذي جعلك تطلق هذه الدعاية لابنك؟
فقال: ان ولدي قد غير ثلاث مدارس خلال العام السابق، وغير ست فتيات (صاحبات) خلال الشهرين الأخيرين، وغير دراجته النارية مرتين خلال الأشهر الستة السابقة .، وغير سيارته ثلاث مرات خلال العام المنصرم
:فقاطعته أسأله وقد زاد اهتمامي بالموضوع

- على رسلك يا أخي ..... هل ابنك موظف وقادر على ذلك؟

فوضع الزميل يده على جبهته ليمسح قطرات العرق المتساقطة وقال:

- أه ... ماذا أقول لك ، فلقد سمعت عنه أنه يغير شغله وعمله كل اسبوعين.

فقلت (مستفسرا): كل اسبوعين؟ هل يطرد من عمله أم أنه مطلوب في السوق لخبرته وحسن أخلاقه ومعاملته لمن حوله؟

فقال الأب (بأسى وتأسف): ليته كان صاحب خبرة أو حسن معاملة ، ففي كل مرة يخرج من عمله بعذر. فهذا لا يفهمه ، وآخر لا يعامله معاملة حسنة ، وثالث يتهمه بالخداع والغش ، ورابعة تغار من خبرته... وهكذا..

فقلت: لكن حتى الآن ... أنت لم تخبرني كيف سيغير ولدك هذا العالم؟

فقال: لقد طلب الاسبوع الماضي أن يغير أباه وأمه... تصور!

فقلت(مندهشا): يعني أنت وزوجتك؟

فقال الرجل: نعم .. نحن. بعد كل الذي صرفناه عليه ، وخدمناه حتى أصبح رجلا، يريد أن يغيرنا لأننا لا نفهمه ، أليس من يريد تغيير أمه وأبيه ، بمقتدر على تغيير هذا العالم .... الى الأسوأ ؟!

ولم أزد عن تحريك رأسي أسفا وألما ... ثم قلت متمتما: اليس هذا مظهرا من مظاهر الحضارة الغربية المنحرفة التي نمدحها كل حين ؟ قال: بلى.

****

19
الحكاية التاسعة عشرة

لم يمض وقت طويل بعد على المسرحية التي قام فيها غوار الطوشة بعرض أولاده للبيع. فقد حصلت عملية البيع هذه المرة ليس من أجل الرغيف على رأي غوار بل من أجل شراء مخدرات. وقد حصلت الحكاية في منطقة قرب نيويورك. ومفادها أن زوجين (أب وأم) قاما ببيع طفلتيهما مقابل 200 دولار وسيارة مستعملة. وقد ادعيا للبوليس بأنهما لم يبيعا الطفلتين وانما تركاهما عند زوجين آخرين حتى تتحسن أحوالهما المادية. وعمرالطفلة الأولى 13 شهرا والطفلة الثانية لم تتعد الشهر الواحد. وقد قدما للمحاكمة فاذا ثبتت عليهما تهمة طفلتيهما للخطر فانهما سيحكمان على البيع أو تعريض الأقل 18 شهرا ودفع مبلغ 1500 دولار. انتهت الحكاية.

ترى ماذا حصل في هذا العالم؟ لقد سمعنا وقرأنا وشاهدنا قبل أشهر في أمريكا عن أم ادعت أن شابا أسودا قام بخطف ولديها وقامت الصحافة بحملة كبيرة للتفتيش عن

الجاني لمدة ثلاثة أيام في كارولينا الجنوبية. ولكن الحقيقة بانت أخيرا فاذا الأم قامت باغراق سيارتها في البحيرة القريبة وبداخلها ولديها. وانتظرت حتى تأكدت من غرقهما ثم عادت الى بيتها واتصلت بالتلفزيون وقامت بادعائها وهي ابكي بحرقة أثرت في كثير من المشاهدين الذين تعاطفوا معها. وقد صعق الجمهور الأمريكي الذي صدق في البداية حكايتها الملفقة حول الرجل الأسود فتعاطف معها. واستغرب سلوكها بل ووقف الجمهور ضدها بعد معرفة الحقائق. وتقوم الأم (الحنون) في السجن الآن لتدفع ثمن ما اقترفته يداها.

●●●●●●●●●●●●●●●●●●●●●●●●●●●●●●●●●●●●●●

20
الحكاية العشرون

يمثل الأب في الأسرة في كثير من المجتمعات الحنان
والعطف ومركز التقدير من أسرته ومجتمعه. فهو
الحامي لأبنائه وبناته الذائد عن أعراضهم وشرفهم. أما
ما حصل مؤخرا في بوسطن بالولايات المتحدة وتناقلته
الصحف وأصبح على كل لسان فهي قصة (أب) دفع
لصديق له مبلغ 300 دولار ليقدم له خدمة غريبة جدا
وهي اغتصاب ابنته البالغة من العمر 9 سنوات.
والحكاية بتفاصيلها أن والد الفتاة طلب من أحد معارفه
بان يقوم باغتصاب ابنته مقابل مبلغ من المال مقداره
200 دولار فلم يوافق لأن المبلغ قليل. فلم ييأس الأب
وعرض الأمر على صديق (؟) آخر له ورفع المبلغ الى
300 دولار. فقبل الصديق أن يقوم بالخدمة لصديقه
فيغتصب ابنته بناء على طلبه. والأدهى بل والأمر من
ذلك أن يقوم الأب بامساك رجلي الفتاة لمساعدة صديقه
على اتمام فعلته. وانتهى الخبر على هذا الأمر. وجاء

دور البوليس الذي وصله الأمر عن طريق الفتاة. فقام بالتحقيق وتقديم الأصدقاء(؟) الى المحاكمة. وقد حكم على الأب السجن مدى الحياة (أربعة أضعاف) أما صديقه فقد حكم عليه بالسجن 18 سنة مقابل خدماته اللاإنسانية. انتهت الحكاية.

ولا يسع الانسان العاقل الا أن يستغرب أشد الاستغراب لما آلت اليه الأخلاق والأحوال الأسرية في المجتمع الأمريكي. وما هذه الصداقة التي تعتمد الحيوانية الجسدية المادية أساسا لعراها؟ فهل الناس أحرار في التصرف على هذا الأمربدون وازع من ضمير أو لمحة من الأخلاق؟ ويحلل علماء الاجتماع الأمريكان المشكلة على أنها أثر من آثار تفسخ العلاقات الأسرية بين أفراد الأسرة وغياب الأخلاق في المجتمع المادي الذي يوزن الانسان بمقياس المادة فحسب. ولكن هل يقف المجتمع متفرجا حتى تتعدل الأمور وتسود الأخلاق وتعود الأسرة الى طبيعتها الراعية لأفرادها المتمسكة بتقاليدها وأخلاقها؟ بالطبع لا. فالعذر أن الحضارة والحرية والفردية لها ثمن وما نراه من تفسخ العلاقات الاسرية وتدني الأخلاق ما هو الا جزء يسير من الثمن الذي يدفعه المجتمع لهذه الشعارات.

****

21
الحكاية الحادية والعشرون

كثيرون هم الذين يعتقدون أن في الولايات المتحدة دين واحد هو المسيحية فقط. ولكن عدد الأديان فيها بلغ 196 دينا فرعيا حسب استبيان جرى في الربع الأول من هذا القرن أي في عام 1926. منها 46 دينا مستوردا من خارج الولايات المتحدة و150 دينا كانت للسكان الأصليين (الأمريكان الذين يعيشون في أمريكا من قبل وليس الهنود). وقد كانت نسبة الأديان المتواجدة قبل القرن التاسع عشر 16.4 بالمائة فقط بينما 83,6 بالمائة ابتدأت في القرنين التاسع عشر والقرن العشرين. لذلك فان الأديان في الولايات المتحدة تعتبر حديثة نوعا ما. وقياسا مع الحضارات والدول التقليدية فان أعمار الأديان تزيد كلما كانت الدولة موغلة في التقاليد الماضية. وعمر الأديان والمجموعات الدينية المعروفة مثلا يبدأ مع الرسالات الأولى فعمر الاسلام 1416 سنة وما زال ينتشر. وعمر المسيحية 1996 وما زال ينتشر، ويعود

عمر الديانتين الهندية واليهودية الى 3500 سنة. والبوذية والكونفوشيوسية الى 2500 سنة. أما فروع المسيحية فعمرها أقل من ذلك، فالبروتستانتية عمرها 600 سنة، والمسيحية الشرقية عمرها 1000 سنة. وتختلف الطقوس الدينية من دين لآخر كما تختلف وليس العدد البشري التابع. الأعداد التابعة لهذه الأديان للدين هو المقياس على صلاحية ذلك الدين أو عدم صلاح دين آخر. وانما المقياس هو ما قدمه ويقدمه ذلك الدين للبشرية لصلاح أمرها في الدنيا والآخرة. فافهم ذلك.

****

22
الحكاية الثانية والعشرون

هذه الحكاية حصلت في الغرب الأمريكي مع بداية هذا القرن. يقال أن رجلا وزوجته وأولاده كانوا يعيشون بعيدا في مزرعة في ولاية كاليفورنيا. وكان عندهم بقرا وخيولا كثيرة . وفي أحد الأيام ورد عليهم ساكن جديد قرب مزرعتهم وهو مثلهم عند غنم كثير وبقرة واحدة. فذهب الرجل مساء الى الجار يرحب به ويدعوه الى العشاء فقام الساكن الجديد بالتعذر ورفض دعوة الداعي. وخرج الرجل مكسور الخاطر عائدا الى بيته. ونهض الساكن الجديد مبكرا في الصباح وتوجه الى الأسطبل حيث كانت البقرة ليقدم لها طعاما ويقوم بحلبها. الا أنه فوجئ بالبقرة مذبوحة وقد علقت بجانبها ورقة مكتوب فيها: هذا جزاء من يرفض دعوة جاره للعشاء. كانت هذه مروءة أيام زمان فكيف أصبحت اليوم؟

أمريكا اليوم في معظم المدن يكاد يموت الانسان في الشارع ولا يتقدم منه أحد لمساعدته أو لطلب المعونة له.

وقد حصل يوما أن رجلا كان يتعقب فتاة في نيويورك وبدأ بطعنها بسكين يحملها وكانت تهرب منه في كل مرة وهي تصيح تطلب النجدة . وكلما أمسك بها قام بطعنها فتهرب منه من جديد، وكان الناس في الشبابيك يتفرجون على ما حصل دون أن يحاول أحد أن يتصل بالبوليس أو يشعر بالنخوة فيهب لمساعدتها علما بأن مطاردة الرجل للمرأة أستمرت أكثر من نصف ساعة طعنت المرأة فيها أكثر من ثلاثين مرة حتى أسلمت الروح والناس يتفرجون. وقد جعلت كثيرا من الشعب الأمريكي وخاصة علماء الاجتماع أن يتساءلوا ماذا حصل في أخلاق هذا المجتمع الذي لا يشعر الناس فيه بروح الأخوة والانسانية ويتسمون فيه باللامبالاة وبرودة الأعصاب. فما رأي القارئين في هاتين الصورتين من المجتمع الأمريكي؟

****

23
الحلقة الثالثة والعشرون

اذا سألك سائل: ماذا أفطرت اليوم؟ أو أين تناولت الغداء يوم الجمعة الماضي؟ أو من هو الشخص الذي كلمك بالأمس عن سعر السيارة؟ فهل تجيب بسرعة أم أنك تبدأ بعصر الذاكرة لتجيب؟ في الحقيقة أن الدماغ كجهاز الكمبيوتر يحتاج الى وقت لاعادة الحوادث والوقائع التي مرت به حتى يعيد برمجتها ويجيب على الأسئلة حولها. هذا عن المعلومات التي لم تبتعد كثيرا عن واقعك اليومي. فكيف اذا كان السؤال عن عمر الأرض أو عمر الانسان؟ فان الوضع يختلف. تصور أنهم (بعض العلماء) مثلا وجدوا عظاما لاحدى المخلوقات الغريبة في صحراء غوبي في منغوليا فقالوا أن عمرها 80 مليون عاما. وكأن المليون سنة شيئ سهل لتقديره، بينما لا يستطيع الانسان تذكر ماذا تناول في افطاره اليوم أو أين تناول غداءه يوم الجمعة الماضي؟ فاذا كان التاريخ البشري الذي وصل الينا لا يتعدى العشرين ألف سنة. فأين عاش الناس قبلهم أو بعدهم ومتى عاشوا! وأين تاريخ الثمانين مليون سنة التي يقدرها العلماء لعمر تلك الهياكل العظميةالمكتشفة؟ نعم هناك من المعدات الفنية والعلمية التي توصل اليها العلم الحديث ما يقيس المدة الزمنية للاكتشافات الحديثة حول الهياكل البالغة في القدم. وان لم تكن المعلومات صحيحة مائة بالمائة الا أنها

تقديرية بفرق بضعة ملايين من السنين يقال أنها لا تؤثر في أهمية الاكتشاف. ويصدق الناس ما يعرضه العلماء من حقائق (تقديرية). وتتناقل وسائل الاعلام تلك الحقائق وينشغل كتاب التاريخ البشري والحضاري ببطلان نظريات كانت صحيحة وببناء نظريات جديدة أكثر صحة من سابقتها الى حين اكتشاف معلومات جديدة تدحضها وتقوض أسسها وفرضياتها. والحضارات اليوم أو ما نقرأه ونعرفه عنها ما هو الا معلومات افترضها مكتشفون لبعض الهياكل أو لبعض المنشورات ومنها ما يرفع من منزلة حضارة قوم فوق منزلة حضارات أقوام أخر. ويقوم الناس بنشرها وتصديقها وتعليمها في مدارسهم وجامعاتهم وكأنها نظريات لايأتيها الباطل من أمامها ولا من خلفها. فكم اعتمد الغربيون على نظريات باطلة كانت في عرفهم مقدسة كالانجيل. فنشروها وصدقوها وعلموها لأطفالهم وطلابهم في المدارس والجامعات وكأنها حقائق حتى ظهر فسادها وظهر بطلانها نظرا لتوفر معلومات أو مكتشفات لها قواعدها في البحث العلمي. فأحالوها الى التقاعد وبدأوا باستخراج نظريات جديدة. ومن نظريات الغرب التي كان الغرب ينشرها ويصدقها ويعلمها لأبنائه في المدارس والجامعات في المجال الاجتماعي نظريات الذكاء حيث لا يستوي ذكاء الأبيض والأسود أو ذكاء أبناء الدول الفقيرة مع ذكاء أبناء الدول الصناعية الغنية. والغريب أن مثل هذه النظريات الخاصة بالذكاء ما زالت تتجدد من قبل علماء (أو مدعين بأنهم علماء) لخدمة أهداف محددة أيديولوجية. وهذه النظريات تتشابه مع النظريات التي

تعيد عمر بعض المخلوقات الى 80 مليون سنة. وكلها نظريات عقلية جدلية معتمدة على جانب واحد من الأدلة ومغمضة عينها عن الجوانب الأخرى التي يمكن أن تقلب النظرية المنادى بها رأسا على عقب اذا تم اكتشافها. والتاريخ لنا معلم حكيم هرم. فليحذر القارئ عالما كان أم جاهلا من هذه النظريات ومروجيها والمستفيدين منها.

24
الحكاية الرابعة والعشرون

تعتبر السياحة صناعة من صناعات العصر الحديث التي تدر البلايين لقطاع الاقتصاد القومي في الدول المتقدمة والعريقة على حد سواء. كما تولي الحكومات أجهزة القطاع السياحي أهمية كبرى من حيث الدعم المالي والكفاءات البشرية والامكانيات من أجل زيادة عدد السياح السنوي أو الفصلي. ولعل في العدد الذي زار فرنسا من السياح العام الماضي والذي وصل الى ستين مليونا ونصف من الزوار مثل على أهمية مداخيل الدول من القطاع السياحي وحده. وتحتل فرنسا المركز الأول بين الدول في عدد الزوار سنويا أما الدولة الثانية فهي اسبانيا التي بلغ عدد زوارها من السائحين ما يقارب خمسة وأربعين مليون سائح في نفس العام. ومع أن العدد الذي زار فرنسا لعام 1994 نقص عن السنة التي قبلها بنسبة 2 بالمائة تقريبا الا أن زيادة عدد السياح لاسبانيا زادت بنسبة 4.38 بالمائة. أما الولايات المتحدة فقد جاءت في المرتبة الثالثة من حيث عدد الزوار، فقد زارها في نفس العام 44.73 مليونا بنقص 1.7 بالمائة

عن السنة التي سبقتها. أما بالنسبة للعائد السياحي لمصروفات السياح من الدولارات فان الولايات المتحدة تأتي في المركز الأول حيث وصل مجموع ما صرفه 994 مبلغ 27 بليون دولار. يتبعها في 1 السياح في عام ذلك ايطاليا في لمركز الثاني وفرنسا في المركز الثالث. أما اسبانيا فجاءت في المرتبة الرابعة. ترى هل تعطي الدول العريقة في التاريخ والتراث كالدول العربية اهتماما خاصا للسياحة؟ بالتأكيد، ولكن ماهي معوقات السياحة في البلاد العربية الغنية بتراثها العريق وجوها الساحر وبيئتها الخلابة وطيبة أهلها وكرمهم. هذا ما مستقبلا يحتاج الى بحث خاص.

****

25
الحكاية الخامسة والعشرون

تعتبر الاعلانات التجارية عن السلع والخدمات في الدول المتقدمة جزء من الاقتصاد القومي أيضا. وتتسابق الشركات العالمية على استقطاع أوقات محددة في التلفاز ومساحات الجرائد والمجلات. أو الميادين العامة والساحات. ففي اسبوع واحد وبالتحديد بين 13 و 19 نوفمبر لعام 1995 كان هدف الشركات العملاقة المتخصصة في الطعام والسيارات والاسواق الاستهلاكية والأدوية المعلنة أن يصل اعلانها الى أكبر عدد ممكن من المشاهدين للبرامج التلفزيونية. فمثلا حسب احصائيات احدى شركات الاعلان وهي نايلسن مونيتوربلاص فقد تتبعت عدد الاعلانات وقدرت عدد فوجدت أن اعلان المشاهدين الذين شاهدوا الاعلان. مطاعم بيرغر كنغ ومكدونالد قد وصلا الى ما يقارب 267 مليونا من المشاهدين وقد عرض الأول 27 مرة في الاسبوع بينما عرض الثاني 32 مرة. كما وصلت اعلانات السيارات فورد توروس الى 232 مليونا من البشر وقد عرض 21 مرة. أما شركة وول مارت فقد وصلت الى 223 مليونا وقد عرض 26 مرة ،

وبطاريات دور اسيل الى 212 مليونا وقد عرض 26 مرة أيضا، واعلان شركة أدوية تايلونول وصل الى 188 مليونا حيث عرض 19 مرة. أما محلات البيع العملاقة مثل محلات سيرز الكبرى فقد وصل اعلانها الى 194 مليونا من البشر وقد عرض 19 مرة، ومحلات كي مارت الى 187 مليونا وقد عرض 22 مرة وشركة جي سي بيني الى 181 مليونا من البشر وعرض 21 مرة. لأما عن المبالغ التي صرفت على هذه الاعلانات فتقدر بالبلايين من الدولارات خاصة وأن عرض الدقيقة الاعلانية الواحدة يتراوح حسب الموقع والوقت للعرض ليصل في المناسبات السياسية والرياضية الى الملايين من الدولارات في كل مرة. وتعتبر الاعلانات من أسس التجارة الاصناعية والاستهلاكية في مجتمع رأسمالي يقوم على المنافسة والتناحر لجلب الزبائن بشتى الوسائل التي يسمح بها القانون في دولة ديمقراطية. ولا تذكر الدول الشيوعية أو الاشتراكية في هذا المجال اذ أن معظم المؤسسات تكون تابعة للدولة ولا تحتاج الدولة الى تنافس الناس للحصول على بضائعها لأنها توزعها عليهم سواء رضوا بذلك أم لم يرضوا. وتزيد أهمية الاعلانات كلما زاد التقدم الصناعي في بلد ما. وعادة ما تكون الدول الصناعية أكثر اهتماما من الدول الزراعية في مجال التنافس التجاري والتفاوت في جودة الخدمات والبضائع الاستهلاكية والأدوية.

****

26
الحكاية السادسة والعشرون

الديمقراطية لمن؟ قبل أيام قام طلاب الدراسات العليا في جامعة ييل المشهورة بتخريج عدد من السياسيين الأمريكان ومنهم الرئيس السابق جورج بوش. قاموا باعتصامات ومظاهرات احتجاجا على محاكمة ثلاثة طلاب دراسات عليا قاموا بحجز علامات فصولهم لارغام الجامعة على تحسين أوضاعهم. وقد كان الثلاثة ضمن مجموعة كبيرة من طلبة الدراسات العليا الذين يعملون مدرسين مساعدين. ولا تخلو جامعة في أمريكا لا تعتمد على هؤلاء المدرسين المساعدين. فهم أقل كلفة من الأساتذة وأكثر عملا وخدمة للطلبة. فبالاضافة الى انخفاض الرواتب هناك مساعدات مقدمة لهؤلاء الطلبة تتراوح بين اعفاء جزئي واعفاء كلي من تكاليف الدراسات العليا الا أنهم غير مشمولين في السلم الوظيفي نظرا لأنهم لا يعتبرون موظفين كاملين ونظرا لقصر مدة استخدامهم. وهم عادة ما يوافقون على شروط المنح المعطاة لهم. وفي الفترة الأخيرة زاد اعتماد الجامعات على هؤلاء الطلبة وبما أن غالبيتهم العظمى من الطلبة الأجانب غير الأمريكان فقد نسيهم القانون ووطئتهم سياسات الجامعات وأصبحت رواتبهم والمساعدات

المقدمة لهم لا تتناسب مع الخدمات التي يقدمونها. وقامت محاولات محلية عدة خلال العقدين السابقين لانشاء اتحادات أولا ثم نقابات فلم يكتب لها النجاح في مسعاها لعدم التوصل الى طلبة الدراسات العليا في كل الجامعات الأمريكية. ولكن مع التقدم التكنولوجي في في مضمار الأنترنيت والكمبيوتر أمكن لرؤساء الاتحاد ومنتسبيها أن يتراسلوا عبر قنوات الانترنيت فزاد تخطيطهم لانجاح مساعيهم في الضغط على ادارات الجامعات لتحسين أوضاعهم وتقليل العبء الكبير عن كاهلهم وانصافهم حيث أن بعضهم يقوم بعملية التدريس الفعلي عددا من السنين لا يقل عن عشر سنوات.

وكانت رأس الحربة في جامعة ييل، حيث بدأ ثلاثة من المدرسين المساعدين بحجز علامات الطلاب في الفصل الماضي وأصروا على عدم توزيعها حتى ترضخ الجامعة وتجلس مع ممثليهم لمناقشة طلباتهم. فما كان من الجامعة الا مقاضاة الطلاب الثلاثة وحرمانهم من العودة الى العمل. تطورت القضية وزاد الخلاف. ومنطق الجامعة يعتمد على أن هؤلاء الطلبة (أجرموا) في حق الجامعة والطلاب. وليس من حقهم حجز العلامات ولا ارغام الجامعة على التفاوض. وقبل أيام قام 300 طالب ومدرس ومتعاطف ومؤيد لحقوق الطلبة بالاعتصام والمظاهرات وتدخل البوليس فقبض على 120 شخصا. وقد بررت ادارة الجامعة تصرفها بأن هؤلاء الطلاب وليس لهم اتحاد مهني أو نقابي ليسوا موظفين في الجامعة وانما هم طلاب ولا يحق للطلاب أن يتظاهروا أو يطالبوا بحقوقهم.

27
الحكاية السابعة والعشرون

العلاقات العامة هي تلميع وتسويق سمعة شخص أو
مؤسسة باستعمال وسائل الاعلام من جرائد واذاعة
وتلفزيون ومشاريع أبحاث. فاذا كنت باحثا علميا في
الولايات المتحدة فقل لي الى أي حزب سياسي تنتمي أقل
لك ما هو الهدف من أبحاثك وعلاقتها العامة مع الشعب.
هكذا وببساطة. فان كنت من منسوبي الحزب الجمهوري
فانك من طبقة الأغنياء أو من المتطلعين لتكون من
طبقتهم أو أنك أداة طيعة في أيديهم. أو أنت صاحب عمل
تستخدم رأسمالك لاستعباد العباد فيما يسمى بالوظيفة. أو
أنك صاحب أملاك ورثتها عن جدك أو أبيك وحولك من
العمال والمديرين والطباخين والكناسين من يعينك على
ادارة تلك الأملاك واستثمارها لصالحك. فاذا أردت دعم
سياساتك وتبرير أفعالك التي تتنافى مع الذوق العام
ودحض آراء غيرك من معارضيك فانك تقوم بمنح مبلغ
من المال لمجموعة من معاهد الأبحاث أو لعلماء
معروفين بصيتهم في اتقان الابحاث لتوكيد وجهة نظرك
وتشترط على المعهد أو الباحث العبقري أن تكون النتائج
في صالحك وصالح سياساتك التسلطية التي تعود بالنفع
عليك وعلى أمثالك من أصحاب رؤوس المال أو
أصحاب الممتلكات أو الأغنياء في حزبك. ونظرا لأن

المال له علاقة مباشرة في العملية فانك تدفع بكرم زائد الى المؤسسات الاعلامية من اذاعة وتلفزيون وجرائد لنشر موجودات البحث واستئجار علماء معروفين لمدح تلك الموجودات التي تم التوصل اليها عن طريق البحث العلمي المحايد. وقد حصل ذلك في عهد الرئيس السابق جورج بوش. حيث قام حزبه الجمهوري بدعم بحث بين الأمريكان فبين أن نسبة كبيرة من الامريكان من الأغنياء وأنهم سعيدون في حياتهم وأن أمريكا أفضل الأماكن في العالم. وقد تم اختيار العينة من عدة مناطق يسكنها الأغنياء في فلوريدا وكاليفورنيا وتكساس وتمثل فئة الأغنياء فقط في هذه الولايات. وأعطي البحث لمؤسسة معروفة بذمتها (العلمية) فكانت نتائج البحث لامعة ومؤيدة للرئيس مائة بالمائة وقد قام باعلان النتائج عن طريق وسائل الاعلام وهو فرح بها كما اتخذها ذريعة لدعم اعادة ترشيحه للرئاسة. وكان من أهم المعارضين لتلك النتائج أعضاء الحزب الديمقراطي فماذا صنعوا؟

قام الحزب الديمقراطي بعمل بحث خاص به مع تغيير مكونات العينة حيث ضمنها عددا من الفقراء الذين يسكنون في الأحياء الفقيرة في كل من ديترويت وواشنطن وشيكاغو وعددا آخر من الولايات الأمريكية. وكانت نتائج البحث بعكس نتائج البحث الذي قام به الحزب الجمهوري. وبهذا أثبت الحزب الديمقراطي أن في أمريكا نسبة كبيرة فقيرة وأن ليس كل من يعيش في أمريكا غنيا أو أنه سعيد في حياته. وقد قام الحزب الديمقراطي أيامها بنشر نتائج أبحاثه وعارض الرئيس كما عارض حزبه فيما توصلت اليه أبحاثه.

ونخلص من هذه الحكاية الى أن الأبحاث لها دور خطير. وأن على العلماء أن يعوا هذا الدور فلا ينقادون خلف سياسات أو أيديولوجيات معينة والا فقد العلم أهم مميزاته في عدم الانحياز والثبات والثقة بين الناس ودخل في حيز العلاقات العامة. وعلى العلماء عند تحليل المعلومات أي يكونوا على وعي تام ومقدرة علمية فائقة حتى يكونوا محايدين في وصف نواقص البحث أو الطريقة التي تم فيها أو العينة التي تم اختيارها أو الهدف الذي قام البحث من أجله وعن درجة الثقة المئوية التي يحاول البحث التوصل اليها. وكلها نواقص في البحث العلمي الحديث. وفي كثير من الأحيان نسمع عن استفتاءات سياسية حول الثقة بالرئيس أو الثقة بالاقتصاد أو عن مستوى المعيشة في بلد ما وعلى القارئ أن يحرص على موازنة الأمور في مثل هذه المعلومات وأن لا يصدق ما يقرأ دون تحليل ومقارنة ووعي.

****

المجموعة الثانية
من الحكايات
إهداء وتقدير

إليها ،

إلى المرأة ، الواثقة بنفسها ، الحاملة لمسؤولية
أسرتها ، الصابرة على شظف الحياة ، والتي
ترمز إلى العطاء والاستمرارية ،
إلى حواء جدتي ، أمي ، أختي ، رفيقة دربي ،
ملهمتي ، ابنتي ، حفيدتي ، إليها في كل مكان
ومن أجلها ،

أهدي هذه الحكايات

مقدمة

أحمد الله تعالى أن نفذت اعداد الطبعة الأولى من هذا الكتاب ، وهذه الطبعة الثانية . ويحتوي الكتاب على بعض المقالات الصحفية المنشورة بين عامي 1997 و 2003م في الصحف والمجلات العربية في الولايات المتحدة الأمريكية والدول العربية باللغة العربية ، والمؤلفة فيما بعد ، أقدمها إلى القاريء العربي في كل مكان فلعل وعسى أن تفيد في تقييم السلوك الفردي والتوصل إلى السعادة المرجوة في الحياة .

وأشكر الأخوة والأخوات والأبناء من جميع المستويات والخلفيات الثقافية ممن كتبوا لي ، وقد كان منهم اتصالات بعضها يحلل محتواها وبعضها يستحسن بعضا آخر ، ومنهم من جادل حول بعض الأفكار الواردة في المقالات أو بعض الجمل أو الكلمات ، وقد كان الأسلوب فيها سهلا من حيث زاوية فهم النفس البشرية وطبيعتها وطبيعة التواصل بين الفرد والآخرين في الأسرة ومكان العمل والمؤسسات المجتمعية العريضة التي تكون بمجملها المجتمع المدني الذي يعتمد على اللوائح والقوانين في تقدير الأفراد واحترام حريتهم كبشر لهم عقول يتعظون بما يرون ويسمعون ويتعاملون .

وقد نشرت هذه المقالات في عدد من الصحف العربية في وقت يودع فيه العالم القرن العشرين ويدلفون في القرن الحادي والعشرين . وقد كانت عندي قناعة وهي أن القاريء العربي والقارئة العربية كغيرهم من قراء العالم الكبير قادرين على الفهم والتفهم وقادرين على التغيير والتغير لما فيه المصلحة التي تجعلهم يسيرون في الركب الحضاري العالمي والنظام العولمي الجديد وتكون لهم

الحكمة والأصالة والفخر بالتراث المكاني وتقبل التراث العالمي دون المساس بما عرف من تراث مجتمعي أو ديني يستحق التقدير والإعجاب والتطوير . ولنا في دراسة التاريخ عبرة حيث لا شيء يدوم غيره ، ولا يبقى شيء على حاله وكما قيل في الماضي البعيد ، إن دوام الحال محال . وأسأل المولى أن تكون بعض النشاطات الفكرية التي تتضمنها هذه المجموعة عونا للناس على التعلم والإبداع وصناعة القرار لما فيه خيرهم وسعادتهم ، وهو خير العالمين .

حسن يحيى
الخامس عشر من مايو/أيار عام 2005م
لانسنغ – ميشيغان
الولايات المتحدة الأمريكية

28
في الأوتوبيس

أصوات الراديو والمكالمات الهاتفية ، وقذارات النازلين والصاعدين ، والمدخنين في كل ناحية ، كل أصحابي يعيشون في هذا المناخ ، أخذت مقعدي في الأوتوبيس ، وبدأت بقراءة موضوع في الجريدة عن النظريات وتطبيقها ، على المقعدين عن يميني أسقطت فتاة بعض الآيسكريم على المقعد ، كأنه أيسكريم مع حليب سائل وشيكولاتة ، كلما حاول أحد الجلوس على الكرسي ، قمت متبرعا من قراءة النظريات إلى تحذيرهم من الجلوس على المقعد القذر ، لا أدري لماذا أهتم ، تمنيت لو كان معي منديل أو ورق تواليت لمسح القذارة عن المقعد ، على كل ، جاءت فتاة كادت تجلس على المقعد قبل أن أمد يدي لمنعها من الجلوس ، وما أن رأت أن المقعد قذرا ، فتحت حقيبة بيدها أخذت بعضا من ورق المحارم ، ووضعتها على المقعد فغطت القذارة ، دون أن تقوم بمسحها ، وجلست على حافة المقعد ، وعدت أقرأ المقال عن النظريات ، ولم ألاحظ متى غادرت ، بعد قليل جاء شاب وفتاة وجلسا على المقعد قبل أن أستطيع تبليغهما عن المقعد ، وجلست الفتاة على المحارم ، وهما يتوهان حبا ببعضهما ، وبدأ الشاب بتقبيل الفتاة ،

ولم يفطنوا لما تحتهم من القذارة ، فما الفائدة من إبلاغها بذلك الآن ؟ فأنا لا أريد أن أقطع عليها تمتعها بحبيبها قبل أن تقوم ومحارم الكلينكس تلتصق بمؤخرتها ، فمن يتحمل المسؤولية ، من سببت القذارة إم التي وضعت المحارم أم أنا ؟ لا أدري .

****

29
بين الغرب والشرق

السعادة كلمة جميلة ولكنها كلمة نسبية ، فتراتها قصيرة ولكنها متكررة ، وهي محدودة غير دائمة ، ويمر الفرد بالسعادة في حياته مرات ومرات ، وقد ترحل عن الأفراد بلا عودة . السعادة تتنافى مع العقل ، فالغبي هو السعيد دوما ، فكل غبي سعيد ، أما أصحاب العقول النيرة فبينهم وبين السعادة حواجز تعلو أو تقصر حسب عقولهم ، والغباء ينتفي مع السعادة الحقيقية التي يشعر بها العقلاء ، والناس يفضلون أن يتهنوا بالعقل ولا يحبون أن يتهموا بالغباء ، فاسعادة شعور نفسي يظهر من خلال الشفاه الباسمة من بني البشر .... هل سمعت يوما شخصا يضحك بملء فيه أي بقوة وبصوت عال مؤخرا؟ نحن نعلم أن الحديث بين الأقران والأصدقاء تتخلله ضحكات وقفشات تتناوب في الظهور خاصة عند الشباب فهم يضحكون بمتعة فائقة وكأن الحياة خلت من المنغصات السياسية والاجتماعية ، والشباب حين يلتقي أمثالهم يشعرون بسعادة اللقاء ، فمهما كان موضوع الحديث تافها إلا أنه يجلب الضحكات والبسمات .

عكس السعادة هو التعاسة ، وهي الخلو من الآلام لفترة محدودة أو فترات متكررة دائمة ، أو محدودة ، هي محصلة الحياة الانفعالية بين الناس ، فإذا زادت الآلام

وقلت اللذات قلت معها السعادة ، وكذا الحال كلما زادت الأفراح على الأتراح كلما زادت السعادة ودامت مع دوام الأفراح ، وهناك آلام مادية جسدية وأخرى معنوية ، وقد ينجو الفرد من الآلام الجسدية مع الزمن ، وقلما ينجو الفرد من الآلام النفسية أو المعنوية ، أعرف أشخاصا لا يعرفون السعادة بعد أن فقدوا حبيبا أو صديقا . وأعرف أشخاصا حاولوا التخلص من الشعور بالأسى والآلام التي تتراكم بفقد غال عليهم فكانت سعادتهم نسبية وقتية ومحدودة . ورجائي لكل إنسان رجل أم امرأة أن تتغلب اللذات في حياتهم كالنجاح وتحقيق الأهداف والحب على الآلام كفقد الحبيب أو الفشل في الحب والحياة حتى يعيشوا بسعادة دائمة ، ولكن الحال الواحد لا يدوم ، والتغير صفة من صفات الإنسان في العقل والجسد والتعامل مع الناس والخبرات ودرجات السعادة . فكيف تكون السعادة في الغرب مقارنة بالسعادة في الشرق؟ يبحث الغربيون عن السعادة من خلال الحركة والتفاعل وتقليل الآلام وزيادة اللذات ، فهم لا يكتفون بقليل اللذات وإنما يسعون إلى منتهاها ، ويبذلون الجهود للحصول عليها ، ويحاولون تقليل الآلام مدة ونوعية ، ففي كثرة المشقة والتعب من أجل اللذة عندهم سعادة زائدة ، وكلما زادت المشقة زادت السعادة مثل صعود الجبال ، والتزلج والمسابقات العنيفة ، وكلها تحتاج حركة وتموجا ، أما الشرقيون فيميلون إلى الدعة والاستقرار وتقليل الآلام بتقليل الحركة والتفاعل ، فهم إذا خرجوا للتنزه مثلا فإنهم يبحثون عن منطقة جميلة هادئة تظللها الأشجار ويأخذون معهم القهوة والأرجيلة والأبسطة للجلوس أو التمدد عليها

، وتلك هي اللذة عندهم . فإذا رأو طفلا يسرع أو يحاول تسلق شجرة ليتفاعل مع بيئته تراهم ينهرونه خوفا عليه من الوقوع أو إيذاء نفسه ، فالنزهة عند المشرقيين جلوس وأكل وشرب واستلقاء وسكون واستمتاع ، أما عند الغربيين فالنزهة جد ونشاط وحركة ولعب وركض وقفز وقنص وإنشاد ورقص. وشتان ما بينهما في اقتناص اللذات والحصول على السعادة . وعند الشرقيين يعتبر الخروج عن العادات والتقاليد نوع من سوء الأدب وقلة الحياء والغباء والوقاحة بالخروج عن عن التقاليد ، هذه همسة للآباء الذين يستعملون وسائل الترهيب لضبط السلوك عند أطفالهم ، أما عند الغربيين فالخروج عن التراث والتقاليد يعتبر ابتكارا وإبداعا وذكاء وهم يشجعون أطفالهم عليه ويمدحونهم ويحثوهم على التجديد الدائم . فهل من يتعظ ، فالأطفال لهم عالمهم الذي يجب على الآباء والأمهات فهمه واحترامه وتشجيعه .

Hy2006us@yahoo.com

****

حلقة 30
اليانصيب

قال : لقد ربحت ثمانية ملايين دولار في اليانصيب ،
أنظر إليها تضحك بأعلى صوتها ، بالأمس لم تستطع
شراء فستان لابنتها من السوق لأنها لا تملك اللازم له ،
وتساءل الجالس بجانبي في المطعم : هل تلعب اليانصيب
كثيرا؟ لا أبدا ، اشترت تذكرة يانصيب لأول مرة في
حياتها . ولكنها لم تشتر تذكرة الدولار الواحد وإنما
ضاعفت المبلغ خمس مرات ، حيث كلفها ذلك خمس
دولارات . ولكن يبدو عليها أنها امرأة طيبة ، قالت سيدة
تجلس مقابل مكاني ، وعادة الفقراء لا يربحون مبالغ
كبيرة ، ولكنها هذه المرة ربحت . ليتني اشتريت تذكرة
مثلها ، وكيف ستحصل على المبلغ قالت المرأة التي
تجلس خلفي، قلت: تصوري أنها ستتلقى مبلغ 350 ألف
دولار شهريا لمدة عشرين عاما . قلت: لن أقوم بالتدريس
في الفصل القادم ، ماذا تعني ؟ وقال آخر : سأتوقف عن
الكتابة بعد اليوم ، قلت أعني أن هذا المبلغ سيكفينا هي
وأنا وابنتها . وسنسافر إلى كل أنحاء العالم ، فقالت المرأة
من خلفه ، ومن أنت حتى تقول ذلك ، قلت حبيبها ،
فسمعت المرأة الرابحة لليانصيب ما قال الرجل ،
فابتسمت وهي تقترب منه قائلة : ولكنك بعد اليوم لست
حبيبي ، فأنا لا أعترف بك .

****

ثمن العروس
حلقة 31

دعتني صديقة لي لقضاء الليلة معها ، فنمت عندها وفي الصباح ، كنا نتحدث حول تنسيق ألوان الأثاث في البيت أولا ثم تحدثني صديقتي عن علاقاتها التعيسة مع الحبيب ، وذلك في صباح يوم أحد ، وكان معنا ساعة زيادة نقضيها في الفراش ، نظرا لتغير التوقيت إلى النظام الشتوي . ليست المرة الأولى التي نتحدث فيها حول الأثاث ، أو عن العلاقة التعيسة التي لم تكن على مايرام مع الحبيب ، فلم أفهم ما تقول ولكني كنت مصغيا لها ، وكان من المهم عند صديقتي أن تعيش مع من تحب ، وقد شرحت ذلك لي مرارا ، ولكن حبيبها فوضوي ولا تستطيع فهمه بعض الأحيان ، فهو لا يحب ألوان الأثاث في البيت ، ولا يحب أن يرى قطتي ، ولا أن يعيش وفي بيتنا أي قطة أو كلب ، فهو لا تحب شعر القطة لأن عنده حساسية منها أولا وثانيا تقوم القطط بتمزيق الأثاث . وهناك أسباب أخرى تجعل حياتي تعيسة معه ، فليس بيننا حتى معنى واحد للعلاقة بيننا ، فحاولت أن أفهم منها ماذا تريد مني ، تابعت كلامها بأنها وحبيبها يريدان الانفصال عن بعض، وحين قررنا ذلك بدأنا بالبكاء معا ، تصوري ! ثم ضاجعني وقال : اليوم غدا سنتزوج ، قلت لها : تقولين قررتما الانفصال ، واليوم ستتزوجان ، ماذا

تقصدين ؟ لقد اتفقنا على الزواج ثم الانفصال بعد ذلك بالطلاق ، فهل تريدين مني أن أخسر حقي في ثروته ، فهو غني يملك الملايين ، فرضيت بذلك ، ولم أفهم كيف تتصرف هذه الصديقة وقد استغنت عن كرامتها من أجل الفلوس ، وكان عليها عدم القبول بالزواج والانفصال . ولكنها حرة فيما تقرر ، وأنا حرة في أن أتصرف وكأني لم أسمع ما قالت .

****

32

الوهم القاتل

تخرجت من الثانوية العامة وكنت قد قررت الذهاب مع صديق لي ، وكان المطر ينزل بغزارة وكأنه دموع تنهال على الخدود ، ووجهها ظهر كحبة الكمثرى الحمراء الناضجة ، وقد وجهت تلك الجبة حياتي ، تلك الحبة التي حصلت عليها من طالب في كلية الطب مقابل النوم معه ، كنت قد طلبت منه حبة دواء تتيح لي أن أموت بطريقة هادئة ، أخذن الحبة ووضعتها في جيبي الخلفي في المحفظة ، وخرجت مع صديق لي إلى البحر ، قلت له أريد شيئا كبيرا يحتويني كالمحيط ، فأنا لم أعد أطيق الحياة ، جلسنا على الشاطيء وكانت الأمواج تكاد تصل أقدامنا ثم تعود أدراجها كأنها مربوطة بحبل ستارة في المسرح وتتكرر الموجات ونحن جالسين على الشاطيء ، وتخيلن بحر الأم الذي يحتوينا قبل الولادة ، ويبدأ خلق الإنسان ، وتكون البداية ، شعرت بقلبي تملأه العواطف الجياشة ، ويعود قلبي فارغا من المشاعر من جديد ، والأمواج كأنها تأخذ كل ما في أعماقب معها وهي تعود إلى البحر ، وتخيلت نفسي أخطبوطا مرة ومرة أخرى سمكة صغيرة ، ومرة ثالثة أرى نفسي سلحفاة ، أو حوت يطوف المحيطات ، كم هو جميل أن يتخيل المرء نفسه بأنه محيط كبير وعميق . اقترح صديقي أن نشعل نارا

فأوقدنا النار فصارت أشعتها كالأفعى تتراقص في الهواء ، أنا وصديقي والنار في الليل ، ونحن نتمدد على الشاطيء ، ماذا يهمني من الناس ، منذ الخليقة حتى الأن ، لا شيء ، وأنا ممددة قرب صديقي الذي لا يتكلم دون أن تسأله ، قلت له :

- أتدري مايك ، أن معي حبة تؤدي إلى الموت ؟
- وهل تريدين الموت حقا ؟ قال مايك متهكما !
- نعم ، أنت تعرف أننا تناقشنا في الموضوع سابقا ، فهي معي في المحفظة ،
- الحبة ليست فعالة ، قالها بدون اهتمام ." وهذه مجرد خدعة رخيصة "
- ماذا تعني ؟ ومددت يدي إلى جيبي الخلفي وأخذت الحبة بين يدي ثم قسمتها نصفين وقلت ،
- خذ نصف الحبة وأنا نصفها الآخر ، فلنمت ونترك هذا العالم .
- قلت لك أنها كذبة ، فالحبة ليست مميتة وهي مموهة وليست حقيقية . فلا تبدي السخافات .

أعطيت مايك نصف الحبة فأخذها بيده وانتفض واقفا ، وبدا أمامي كالطفل الكبير حيث لم تظهر عليه إمارات الرجولة ، صديقي منذ المدرسة الثانوية ، نظر إلي ثم وضعها في فمه وبلعها ، وارتمى على الأرض بجانبي ثانية ، ولم أكن أقل منه شجاعة وأنا أعرف أنها مميتة ، ووضعت النصف الآخر بين أسناني ، ثم بلعتها بعد لحظات . نحن مستلقيان على الرمل ، والنار تشتعل ، وصوت أمواج المحيط يأتي ويذهب ، ونحن مستلقيان وجوهنا تتجه إلى السماء ، رأيت القمر في أجمل صوره

وهو بدر ، ساكن في وداعته وكأنه يحرسنا على الشاطيء ، كانت أشعة النار تنعكس على وجهه الملائكي ، ثم شرحت فيم يمكن أن يكون موتا بطيئا جميلا لطيفا عميقا ، وأغمضت عيناي كمن يسلم أمره لملك الموت ، جاءت صورة أمي أولا ثم صورة أبي ثم صورة الشاب الذي أعطاني الحبة وهو يقول:

- ستموتين دون أن تحسين بالموت . وأغمضت عيناي ورحت في سبات عميق .

ولدهشتي صباح اليوم التالي كانت الشمس تلسع أجسامنا كشعاع الليزر يعيد الحياة للأموات ، شيء مضحك فعلا ، لقد صدق مايك ، فالحبة كانت مزيفة وخدعة ، وشعرت بالسعادة فجأة أني حية تنبض في عروقي الحياة من جديد وكأني ولدت من جديد ، اقتربت من مايك ودسست يدي في شعره الذهبي وكان قميصه مبتلا من الأمواج والرمل الرطب ، فتح مايك عيناه الزرقاوين ونظر إلى المحيط ، وأشعة الشمس تتحول إلى ملايين الأشعة كأنها تصرخ فينا وتقول:

- أنتم أحياء ، واقتربت من مايك وهمست في أذنه ةقلت له : أنا وردة خلقت من جديد ، وأنت الأرض التي تحتويني ، فهل أنت سعيد بالحياة بعد الممات ؟ وضحكنا معا والتقت عينانا وكأننا أطفال في دنيا الحياة .

****

33
مقاييس الجمال والثقة بالنفس

هل نظرت صباحا إلى المرآة لترى وجهك ، فرأيت شخصا آخر لا تعرفه ، أو أنك أحببت أن تغير ذلك الوجه وصاحبه ؟ لأنه لم يعجبك . كل شخص له مقاييسه الجمالية ، وما يزعجني أن أرى أشخاصا لا يحبون رؤية وجوههم في المرآة ، وخاصة الفتيات الصغيرات المقبلات على الحياة وهن بدون ثقة في النفس وتردد وخوف وقلق من مناظر وجوههن . فالجمال يكمن في النفس لا في الوجه ومقياس الجمال ، يجب أن يكون داعما للحياة ومشجعا عليها ، فالجمال يأتي بعدة ألوان وعدة مقاييس ، وهو أشكال وألوان ، فالصحافة والإعلام لهما مقاييسهما الخاصة ، وهوليود لها أيضا مقاييسها الخاصة بها ، ولأطباء التجميل عندهم مقاييس للجمال ، ومعظمها مقاييس مزيفة مبتدعة ، لا تناسب الفتيات المقبلات على سن البلوغ بين السابعة عشرة والعشرين عاما ، لأن معظم هذه المقاييس يشعر الصبايا بعدم الأمان ، حيث يمكن أن يدمر حياتهن ، لأن عدم الأمان له جذور عند كل فرد ، فإذا انعدم الأمان وقلت الثقة بالنفس والقدرة على ضبط الرضا بالنفس وصورتها فإن نتائج ذلك تكون مدمرة للنفس البشرية ، فليس الجمال في النحافة ، ولا في العرض ولا في الطول ، ولا في جمال

العيون أو طول الشعر وألوانه المختلفة ، وإنما الجمال في تقبل النفس لمحتواها من صورة وجه وجسد وروح فياضة بالحب واللين والسماحة والرضا في الحياة ، غلا ننظر إلى مقاييس الصحافة أو الإعلام أو هوليود بل ننظر إلى مقاييسنا نحن فنرى أنفسنا في منتهى الجمال ، وعلى الآباء أن يربو في أبنائهم وبناتهم الثقة بالنفس والقدرة على التحكم بالعواطف وقبول الناس كما هم وكما خلقهم الله ، على الآباء والأمهات أن يربوا في أطفالهم منذ الصغر ، كيف يتصرفون ويظهرون زكيف يقبلون على الحياة بعقول غير مخدوعة ، وليس الإغراء من الجمال في شيء ، وما الإنترنت والتلفاز وبرامج المنوعات التي تخدع البصر والبصيرة وتغير مقاييس الجمال في كل الأجيال وفي كل الأعمار بما هو معروف عن وسائل التجميل وتغيير الأعضاء خاصة في الوجه ، كل ذلك لا يساوي الثقة بالنفس والشعور بالفخر بالوجه الإنساني البديع .

****

34
الحضارة والعدالة

هل مرت البشرية في الماضي بعصرها الذهبي وكان كل شيء يسير على ما يرام ؟ سؤال يحتاج للتفكير قبل الإجابة عليه ، والنظر من خلال نظارات معتمة قاتمة لا يدعو إلى التفاؤل ، ولا يحل مشكلة السعادة البشرية ، فمنذ القديم والعصور التي كانت توصغ بالذهبية كانت بعيدة كل البعد عن عما يعزى إليها من محاسن الأخلاق ، خذ مثلا الحضارة اليونانية في القديم وهي في أوج تقدمها وعظمتها كانت تستعبد الناس ، والشعب اليوناني الذي يعيش في الأرياف ، كان عبدا لأسياده الذين يعيشون في المدينة ، وكان الضمير اليوناني والنظام الأخلاقي لا يحرك ساكنا ، وحتى الفلاسفة لم يحاربوا النظام الاجتماعي وظلمه الفادح للأفراد مما يعد مخالفة صريحة لكرامة الإنسان . وفي القرون الوسطى كان شقاء الفلاحين وإحراق المفكرين جنبا إلى جنب سمة من سمات ذلك العصر . وكانت الشعوب تحمل أذى الحكومات المتعاقبة ، وكلما تقدمت الصناعة الحربية كلما زاد شقاء الناس وانتشرت بينهم الأوبئة الفتاكة كالطاعون والسل والتيفوئيد والملاريا ، جاءت الدبابات تدك الأحياء السكنية لتقع على رؤوس وأجسام ساكنيها ، والعلوم تزيد الأغنياء غنى وتزيد الفقراء فقرا ، وكلما

تقدمت العلوم لخدمة الناس للأسف تأخرت الأخلاق في معظم الحضارات لتنسف ما حققته بعض الحضارات في السابق ، فما المطلوب إذن ؟

- المطلوب زيادة الاعتناء بالأخلاق مع تقدم الصناعة والتكنولوجيا ، والعمل على إصلاح المجتمعات على أسس جديدة من العدل والمساواة والمشاركة في الثروات ، فالثروات للشعوب جميعا وليست للمهراجات ولا للشيوخ والأمراء كما أنها ليست للملوك ولا للأباطرة ولا للسلاطين بل هي ملك للشعوب دون غيرها .

- والمطلوب زيادة الإصلاح الاجتماعي وبحث أسس التقدم والنهوض بالمجتمعات .

- حل مشاكل الحاجات الإنسانية البدنية والروحية التي تسببها الحضارات .

- الإصلاح لا التدمير هو المطلوب ، وليس الاعتداءات على الشعوب ،

- جعل الاكتشافات العلمية ملك لكل الشعوب في كل زمان ومكان ،

فالتقدم العلمي يتناسب طرديا مع زيادة الفقر ، فكلما زادت الاكتشافات العلمية زاد الفقر والجهل والظلم عند البشرية في أنحاء المعمورة ، وهو لا يعد العلم من مكتسبات البشر إلا إذا أفاد البشرية في كل مكان ، وقد يستخدم العلم في فناء البشرية في جهة من الأرض ، ففي اليابان هوريشيما وفي أوروبا ملايين البشر فقدت أرواحها من جراء الحروب . ولا بد من إحياء الأخلاق بين البشر حتى يسود السلام ويعم الوئام بينهم . فالبشرية

تركب قاربا مطاطيا ، أو سفينة بخارية ، والبحر الهائج من سوء الأخلاق الحضاري قد يودي بالبشرية إلى أعماق المحيط .

****

35
أحوال الشخصية الإنسانية

يعتقد علماء النفس أن الإنسان ينتمي إلى مجموعة ألف أو إلى مجموعة باء وهما نمطان من أنماط البشر ، وكلاهما مرتبط بالعقل والروح الذين يتحكمان في الجسد البشري وعواطفه ، فالروح منفصلة عن الجسد والعقل و ليس لها شكل ولا طعم ولا رائحة ، وحتى لا نبتعد عن موضوع النمطين ألف وباء ، نقول أن الشخص الذي يقع تحت نمط " ألف " عادة يكون متميزا بأنه صعب المراس ، كثير العداء ، عالي التحدي ، قليل الصبر ، يملكه الوقت ويتحكم بأفعاله في قضاء حاجاته النفسية والجسدية ، اما الشخص الذي يقع تحت نمط " باء " فهو بعكس النمط " ألف " أي أنه يتميز بالود للناس يقبل بالقليل ، مهادن ، كثير الصبر ، مرتاح البال ، يملك الوقت اللازم لقضاء حاجاته النفسية والبدنية ، ويمكن معرفة الأشخاص الواقعين تحت النمط " ألف " من خلال نظرهم إلى الساعة وهم خائفون من مرور الوقت قبل تحقيق أهدافهم ، ويملون بسرعة في قضاء الوقت ، ويحسون بالذنب إذا لم يعملوا ، وإذا عملوا انشغلوا بالعمل وكأنه يضبط شخصياتهم ، كذلك أصحاب الشخصية " ألف " يقومون بعدة أعمال في وقت واحد ، وهم معرضون للإصابة بالسكتة القلبية أكثر بمرتين من شخصيات نمط " باء " ، وهم يجيدون المغامرة والعجلة في التفكير والعمل ، وهم

يهاجمون القلق والغضب والخوف بعنف ، ويضعون حدودا زمنية لأعمالهم ، ويحبون العمل باستمرار ، فإذا أنهوا عملهم اخترعوا عملا جديدا ، ودائما يفكرون في أعمالهم حتى في أوقات فراغهم أو أوقات لهوهم . وأخيرا هم يسابقون الزمن ولا يسالمونه، لذا فهم يموتون بالذبحة الصدرية والإصابة بالجلطة الدماغية وارتفاع مستوى الكولسترول في دمائهم وارتفاع ضغطهم . ومن مميزات نمط الشخصية " ألف " أيضا أنهم لا يشعرون بالتعاسة في حياتهم ، ويشعرون بالفخر بأنفسهم ويتحلون بقوة إرادتهم وتصميمهم قبل وأثناء وبعد العمل . وهم ايضا لا يعترفون بالهزيمة والفشل بسهولة ، ولا يعترفون بالإرهاق والكسل ، وهم يحاولون التحكم في حالات الضغط والغضب ويشعرون بالإحباط إذا فشلوا في حل المشكلات مثل الإفلاس وفي حالات الموت في الأقربين .

أما بالنسبة للشخصية نمط " باء " فعلى العكس تماما ، فهم لا ينظرون إلى ساعاتهم ويهملون الوقت ولا يحسون بالذنب إذا لم يعملوا ، وهم يقومون بعمل واحد دون التفكير في عمل آخر ، وهم ليسوا معرضين للذبحة الصدرية أو الإصابة بالسكتة القلبية ، ويتنعمون بالصبر وأوقات الفراغ واللهو ، ويشعرون بالسعادة عند انتهاء عملهم ولا يبدأون عملا جديدا حتى ينتهي العمل السابق ، وهم طويلوا البال ولا يملون من الانتظار . وهم أيضا لا يتعجلون في تفكيرهم وأعمالهم ولا يأخذون أعمال وظيفتهم إلى بيوتهم ، بطيئوا الحركة والتفكير ، ولكن

أفكارهم القليلة إبداعية وذكية. وهم لا يزداد الكولسترول عندهم ولا يرتفع ضغط الدم عندهم أيضا ، وهم أشخاص منظمون ، لا يحبون التحدي.

فأي المميزات مما سبق موجودة عندكم أنتم أعزائي القراء من الجنسين ؟

****

36
التعصب والتراث

التعصب هو الحكم على الآخرين من البشر دون برهان مناسب ، لذا فهو خطأ جسيم يرتكبه الناس شرقا وغربا ومتوسطا ، وإذا تحكم التعصب في مجموعة من الناس كانت نتائجه خطيرة بقدر قوته ، ومن الشاءع عند البشر أن التعصب ينشأ من الخبرات القليلة التي تملكها الأقليات عادة عن المجموعات الأخرى في مجتمع ما ، ومن هذه الخبرات حب المشابه وكراهية المخالف في الدين والتراث واللون والعرق وحتى السياسة . وهناك سؤال يطرح نفسه : هل تقل العصبية بين الناس مع الزمن أم تزيد؟ ويقال جوابا على السؤال أن العصبية لجهة معينة كوطن أو دين أو لون أو جنس من الصعب التخلص منها نهائيا ولكن هناك عناصر إذا توافرت ساهمت في تقليصها ، كالتعليم والسفر ومعرفة الآخرين والتعايش الحر في المجتمع . ومن الضروري أن نحدد العوامل والدوافع المحركة لبقاء التعصب ، حيا رغم الجهود المخلصة لتقييم الحقائق حول ما تعتقده الشعوب والمجموعات بأنه خاص بهم . فالتعصب للعروبة والإسلام مثلا أو تجاه السود واليهود من الصعب التخلص منه ولكن ليس من الصعب تقليله مع الزمن نظرا للبيئات المختلفة التي يعيش فيها الناس ، من الناحيتين البيولوجية والجغرافية ، أو من ناحية العقيدة

والعادات ، رغم أن المتعلمين يحاولون أن يكونوا منفتحي العقل في الحكم على الآخرين كبشر حسب مميزاتهم وصفاتهم ، لأن الناس عادة ما يفحصون ما يعتقدونه بأساليب وطرق غير سليمة ، فتنتهي إلى نتائج سلبية متحاملة على الطرف الآخر .

وقد قام الباحثون من علماء النفس وعلماء الاجتماع بعدة تجارب لقياس مدى التعصب ومدى التغير الإيجابي فيه مع الزمن . ومن هذه البحوث أنهم عرضوا على مجموعة من الشباب صورة امرأة جميلة وطلبوا منهم الاتصال هاتفيا بها وكانت توقعاتهم قبل أن يبدأوا الحديث معها أن صاحبة الصورة ستكون فتاة اجتماعية وشخصيتها مرحة وأنها جذابة ، ثم عرضوا على مجموعة أخرى صورة امرأة ليست جذابة بل عادية أو أقل من العادية (أو قل قبيحة) على نفس المجموعة فكانت توقعاتهم أن صاحبة الصورة لها شخصية معقدة وأنها جدية وليست اجتماعية ، وكان البحاثون يريدون أن يكتشفوا كيف تكون المكالمات الهاتفية مع هاتين السيدتين وما أثر الصورة على في طريقة الحديث بناء على ما اعتقدوا بعد مشاهدة الصور ، فكان المتحدثون مع " المرأة ذات الصورة الجميلة " يتكلمون بدفء وحرارة وصداقة ، ويغلب على حديثهم الفكاهة وكأنهم يعرفون بعضهم من مدة طويلة وكانوا يحاولون زيادة الوقت في الحديث . أما المجموعة الثانية التي تكلمت مع " المرأة صاحبة الصورة القبيحة " فكان حديثهم بناء على توقعاتهم باردا وجافا وهم محافظون في حديثهم ويشعرون بحرج ، وقد احتاروا في اختيار الكلمات

للحديث وكانت المكالمة قصيرة ، وق تم عكس الصور للمجموعتين فكانت النتائج متقاربة كما كان متوقعا ، وأضاف العلماء لمجموعتي الشباب مجموعتين من النساء ، وأجروا عليهن نفس التجربة وعرضوا عليهن صورتين لشاب حسن الطلعة باسم وصورة شاب عادي لا تبدو عليه السعادة فكانت النتائج قريبة من نتائج الشباب الرجال ، ولمعرفة مدى التعصب وأثره في المقابلات للوظائف أجرى العلماء أيضا بحوثا على أشخاص بيض قاموا بمقابلة أشخاص بيض مثلهم مرة ثم قابلوا أشخاصا من لون مختلف عنهم فوجدوا أن البيض كانوا أقل حرارة وصداقة مع السود وكانت مقابلاتهم أقصر من مقابلات السود ، وعكسوا الصورة أمام أشخاص سود قابلوا أشخاصا بيضا وسودا ، وقد سجلت المقابلات بالفيديو لمراجعتها وفحصها فحصا دقيقا ، ولم تكن هناك فروقات بالنسبة لكل المجموعات إلا من حيث عنصر التعليم فكانت المجموعة الأكثر تعليما من الذين أجروا التجربة في كل المجموعات أكثر تسامحا مع الآخر وكانوا لطيفين في المكالمات أو الحديث ، بعكس المجموعات ذات المستوى الأقل في التعليم . ولكن التعصب كان موجودا بين الجميع انما اختلفت مستوياته ، فالتعصب للون أو دين أو أو جنس هو حقيقة واقعة ولكنه من الصعب التخلص منه نهائيا . لأن النمطية التي تتغلغل مع السنين في فكر الإنسان في بيئته الاجتماعية وتصرفاته تلعب دورا هاما في تقبل الآخرين أو رفضهم ، لذا لو قابل عربي يهودي أو العكس لوجدنا فروقا متقاربة في النتائج حول المجموعتين ، ولظهرت

الكراهية المبطنة عند الفريقين عند الحكم على الآخر ،
فالمعلومات والخبرات التراثية والعادات والتقاليد المعطاة
أو المخزنة في العقل البشري عن الآخرين تؤثر تأثيرا
مباشرا على عصبية البشر وحكمهم على الطرف الآخر .
ما الطريقة أو الطرق لتقليل التعصب في مجموعة من
الناس سواء أكانوا ذكورا أم إناثا ، كبارا أم صغارا ،
سودا أم بيضا عربا أو يهودا أو نصارى ؟ أعتقد أن
التعليم أمر مهم ، والمعرفة وتعدد الخبرات الشخصية
والسفر والتعايش مع الغير تدعو كلها إلى فهم الآخرين
والتعايش معهم بأقل مستوى من العصبية والتعصب .
فالفهم المتبادل بين أي فريقين (شعوبا ، منفردين ، أو
مجموعات) يقلل من التعصب ويزيد من التفاهم والتعايش
مع الغير والتقدير المتبادل لكل تراث مهما بدا غريبا أو
مألوفا ، قريبا منا أو بعيدا عنا ، وهذا في اعتقادي يجب
أن يكون من أهم أهداف التعليم في أي بلد شرقيا كان أم
غربيا أو متوسطا في هذ العالم الصغير .

✱✱✱✱✱✱✱✱✱✱✱✱✱✱✱✱✱✱✱✱✱✱✱✱

37
العرب اليوم ، والتاريخ

الكتابات الموجودة في الأسواق الأدبية والثقافية في بلاد الأعراب اليوم لا حصر لها ، فهي ردود فعل على ما يحدث في العالم العولمي ، وهي لا تحسم أمرا ، ولا تساعد على اجتياز الهوة بين ما ينادي به المثقفون وبين واقعهم المرير المتقهقر في عالم حقوق الإنسان ، ولا تحقق هدفا حقيقيا يساعد على النهوض من غفوة التاريخ . فهناك صراعات قائمة حول الهوية ، وحول العلاقات الدولية ، وحول الحضارات وحول الدور الأمريكي في صقل العولمة وحول الماضي التليد للطامعين في احتضانه في أحلامهم .

وأنا أسأل المثقفين العرب حول الصراع على الهوية : هوية من ؟ هوية المواطنة أم هوية الدولة ؟ أم هوية الدين أو الوظيفة ؟ أم هوية الغني وهوية الفقير ؟ أم هوية العالم أو الجاهل ؟ أم هوية الرجل أو المرأة ؟

أما عن الحضارات فسؤالي للمثقفين العرب : حضارة الشرق أم الغرب؟ حضارة الماضي أم الحاضر ؟ حضارة الجهلاء أم العلماء ؟ حضارة المرأة أم الرجل؟ حضارة الليل أم حضارة النهار؟ حضارة الأغنياء أم الفقراء ؟ حضارة من يملك أم من لا يملك عناصر الحضارة؟

أما حول أمريكا والعولمة فبياني للمثقفين العرب: أننا لن نؤثر في أمريكا ، ولكن نستطيع مصادقتها والاستفادة من تقدمها العلمي والمعلوماتي على أسس جديدة ، ومن هذه الأسس عدم التشبث بالدين كأساس للتعامل معها ، فكل منا له دينه ومعتقده ، والتسامح في قضية التقاليد والعادات ، والتخلي عن الأنانية في الحكم والتحكم الرئاسي والتخلي عن العصبية الجاهلية والقبلية في الحكم على الآخرين .

أما حول الماضي التليد فلن يعود ناصعا كما كان أو قريبا منه ، فالدعوة للعودة إليه ما هي إلا إلهاء للعقل وخروج عن المنطق ، فالجهل السائد سبب يثبط العزائم في تحقيقه ، فلا حضارة لنا فتجمع بيننا ولا ثقافة لنا فتوحد مشاعرنا ولا دين لنا يهدينا بعقيدة سرمدية ، ولا وطنية تجمعنا حولها ولا تراث تلتحم به علاقاتنا ، ولا عرق يسود في أراضينا ، وليس لدينا شيء من ذلك كله إلا فتات من كل لا يسمن من جوع ولا يحمي من خوف ، فلا هوية لنا ، ولا أيديولوجية ولا استراتيجية حتى تدعم مطالبنا وتطلعاتنا إلى الماضي التليد . وصورة الشرق العربي والمسلم عند معظم الشعوب في العالم وخاصة في الغرب أنه فاسد ، جاهل ، فاسق ، غير إنساني ، دوني ، ديني متعصب ، منحرف متوحش ، متأخر في الفكر والعقيدة والتراث وطريقة المعاش والمعارف الإنسانية وحقوق الإنسان وأنه أخيرا أو باختصار كائن عدواني للبشرية والحضارة العالمية . وهي الصورة النمطية الواجب الوقوف أمامها ومجادلتها بواقع جديد وبراهين ساطعة ، وابتكار جديد في التعامل والحياة على أسس العدل

والمساواة والحرية ، وهي من الشروط الواجب التسلح بها بالإضافة إلى ما يأتي: لا بد من التسليم بالهزيمة في عصر يملك المعرفة والتكنولوجيا ، فالركود وعدم التغيير آفتان في العالم المقدس ووسائل استبداده بالعقول ، وهما من أسباب التخلف ، وعدم التباهي بالجهل والتبادل الدبلوماسي الطامع في ثروات الشعوب واستعباد الحكومات ، ومحو ما سببه كتاب الأصفهاني من تصوير الماضي التراثي والسياسي والاجتماعي المعنون "ألف ليلة وليلة" عن هارون الرشيد ، في التصور الغربي ، والبحث عن وسائل الإنتاج الصناعي والزراعي والتكنولوجي وتطبيقها بناء على تحديد مصادر ثروات الشعوب والعدالة في توزيعها ، لأن الظلم في تحقيق العدالة في مسألة المال والثروة يهلك الممالك ويزيد الاضطراب ويفشل الوحدة بين الأفراد والجماعات والدول ، ونقد الذات بطرق منطقية لا عاطفية ، وعدم التباهي كثيرا بالتقدم الغربي والانعتاق من ربق الكنيسة ، لأن الأخلاق يجب أن تسود وأن تطبق دو خوف أو ندم ، والنظر إلى النفس الفردية والوطنية والعمل على تقويتهما بالعلم والمعرفة والتحكم في الثروات والبعد عن الأنانية والتعصب فيهما ، وعدم النظر إلى الحرية وحقوق الإنسان وكأنهما زنديقين دخيلين على الشعوب يستحقان الإعدام والسحل والنفي من أرض العروبة والإسلام ، عندها نقول أننا في طريقنا إلى مستقبل يدعو للفخر والرضا نفسيا واجتماعيا وسياسيا وحضاريا .

****

38
حضارة الكمية وحضارة والنوعية

ظاهرة الاحتفاء بالكلاب والقطط والقرود ومسابقاتها
والصرف عليها بملايين الدولارات ، وظاهرة المزادات
للخيول واللوحات ومقتنيات المشاهير من الملابس
والقلائد والهبات ، والتباهي بتملك الأطيان والأبراج
والقلاع ، والتسابق في رفع البنيان وحياة الترف بين
أصحاب الملايين والبلايين ، ونشر الفساد والطمع في
أقوات الفقراء بالمنافسة غير الشريفة ، والحض المباشر
والمبطن على الابتعاد عن لب الدين ومكارم الأخلاق ،
ومنح السيادة للفاسدين والفساد ، والاعتداء الصريح
والمبطن على الأمم الصغيرة لغرض السيطرة على
ونشر ٬ثرواتها وطرق معاشها ، وتجسيد الاحتلال
الدبلوماسية الخادعة بين الدول ، كل ذلك سمة من سمات
الحضارة عند البعض ، ولكنه عند غيرهم ظلم بين العباد
، وهو أي الظلم من أهم الأسس في اندحار وأفول
الحضارات التي يتغنى بها أصحابها ، فالظلم يورد الندم
كما كان الأمر عند الروم والفرس وغيرهم من العجم .
وكما هو الأمر في الحضارات المعاصرة في الشرق
والغرب رغم تفاوت الظلم وأنواعه بينها .
وللظلم صور شتى : فمنه التملك التعسفي للغالب من
المغلوب دون تعويض ، والتحكم في الأرض واستغلال

العباد في وظائفهم ورزقهم ، ومنه منع الحقوق عن أصحابها ، وكل مانع لحقوق الناس ظالم كمغتصبي الثروة من القلة ومن دار في فلكهم . كل ذلك عائد على أصحاب الحضارات بخراب العمران عندهم ، فإذا استمر ذلك الظلم فإنه ينذر بانقطاع النوع البشري . ومن ذلك : تدهور الأديان والعقيدة والتراث ، وانزلاق النفوس في الفساد والضلال واختلال العقول عند البشر ، وانحراف الأنسال عن أهدافها ، وإضاعة المال على توافه الأمور ، وبما أن مقاصد الشرائع ترتكز على العدالة بين العباد فيما سبق فإنها تعتبر من مقومات الحضارة وأسس استمرارها في كل زمان ومكان . فإذا زاد الظلم نقص الدين ، وطغت النفس وتاه العقل وانحرف النسل وذهب ، وكل من وجد أو سيوجد على الأرض فانه غير المال خالد وغير دائم . وإن في قصص الغابرين ما يؤكد ذلك ولا يخرج عن تأويله ، ففي قصة أوردها المسعودي عن الموبذان (فيلسوف عصره) في قصة طريفة عن حاكم الفرس وقصة البوم . والقصة تقول أنه في أحد الأزمان كان ذكرا من البوم التقى بأنثى البوم عارضا عليها الزواج ، فطلبت أنثى البوم مهرا لها وهو 20 قرية خربة في عهد الملك الهمام ، فوافق ذكر البوم على الطلب بل زاد عدد القرى على ألف قرية خربة ، لأن الظلم قد بدأ ينتشر بين العباد في تلك المملكة . وكان له ما أراد فاندحرت حضارة تلك المملكة وتزوج ذكر البوم من أنثى البوم وعاشا في ثبات ونبات احتفاء بسقوط آلاف القرى التي كانت تتباهى بحضارتها . ففطن الملك لحكمة القصة فبدأ بإقامة العدل وكبح جماح الظلم بين العباد ولكن الظلم

كان كبيرا فاجتاح العباد مراكز السلطة وتغيرت معالم الحضارة وأفل بريقها .

فهل يحتاج أصحاب السلطان والقوة والجبروت لقصة كهذه حتى يغيروا مسارات بلادهم نحو إرساء قواعد العدل بناء ، وتطبيق المساواة في الثروة قانونا ، وتوكيد حقوق الإنسان مبدأ ، لا أعتقد ذلك ، فالجمال لا ترى عنقها الطويل .   Hy2006us@yahoo.com

****

39

والله لو خلعت جلدك

العلاقة بين الشرق والغرب علاقة عداء معروفة منذ قرون وكان الله في عون علماء الشرق وهم يحاولون أن يثبتوا سكماحة الإسلام وتقبله للأقليات من أصحاب الديانات الأخرى ، فالغرب عند أهل الشرق وغيهم يتصف بالعلم والمعرفة والتقدم والاحترام ، والشرق ينظر إليه نظرة الجهل والتأخر والابتذال . ومهما حاول المسلمون وهم من الشرق أن يبيضوا صفحتهم فالغرب لن يغير نظرته إليهم إلا بجهود منظمة وعقول متفتحة ، فالغرب ينظر إليهم نظرة دونية وأنه متأخر ورغم تأخره ما زال قادرا على إيذاء الغرب ، وما مؤتمرات الشرقيين مع الغربيين من أجل تحسين صورتهم إلا تضييع وقت وجهد ومال . فالغرب لن يغير من تصوره كمن يقول للشرق وللإسلام : والله لو غيرت جلدك ما عرفتك . وهذه قصة معروفة عند العرب ملخصها أن رجلا وضع أمانة عند أحد التجار قبل وداعه وهو في طريقة للحج . وبعد عودة الرجل من الحج عرج على التاجر الذي أنكره ولم يتعرف عليه رغم أنه خلع عمامته أولا ثم خلع سترته ثانيا ، وحين رأى التاجر من الحاج ذلك للتعريف بنفسه قال له: يا عم ، والله لو خلعت جلدك ما عرفتك ، فاسترح بالا . نعود إلى علماء المسلمين الذين يحاولون تعريف الإسلام وسماحته للغربيين وافتخروا بعقيدتكم وحاولوا

إصلاح ذات البين أولا ، قبل القفز إلى أعتاب الغرب ، فالغرب يقول لكم: كفاكم تعريا يا علماء الشرق لتفسير ثقافتكم وسماحة أديانكم ، فالغرب محشو العقل بمعلومات تفوق معلوماتكم عنكم ، ولا يريد شهادتكم الخالية من الأمراض والخالية من السوابق ، فهذا الحادي عشر من سبتمبر شاهد على ثقافتكم وحضارتكم ، فكفى تعريا يا حكماء الشرق أمام علماء الغرب فوالله لو خلعتم جلودكم ما عرفوكم في الغرب يفتقد العدالة في النظر إلى وجهة النظر الأخرى والرأي الآخر .

Hy2006us@yahoo.com

****

****

40
مهمة عزرائيل في البلاد المشرقية

كنت في زيارة لإحدى دول الخليج ، فسمعت حكاية حول عزرائيل أنه ذهب ليقبض روح رجل يسكن قي الشارقة ويعمل في دبي ، فذهب عزرائيل إلى بيت الرجل حيث يسكن ليقوم بمهمته في الوقت المحدد فلم يجده في بيته. فذهب يبحث عنه في مقر عمله ، فلم يجده هناك أيضا ، وعلم بطريق الصدفة وهو يبحث عن الرجل بأنه عالق في المرور بين البيت والعمل ، فلحق به حتى يصل إليه بسرعة ، ولكنه لم يستطع لأنه لا يحمل بطاقة سالك التي قررتها الدولة لمن يمر من ذلك الطريق ، فاغتاظ عزرائيل وطلب من الله أن يعفيه من قبض روح ذلك الرجل فكفاه عذا با أنه يعيش في بلد ويعمل في بلد آخر ويقضي ست ساعات من يومه في قيادة سيارته من وإلى العمل . كما طلب عزرائيل من الله أن يعوض على ذلك الرجل بسنين الوقت الضائع من حياته في الذهاب والإياب إلى عمله ومن عمله . فأرسل الله لعزرائيل رسالة يقول فيها : قد سمعنا رجاءك ، لقد مددنا عمر الرجل عشر سنوات ، فلا تعد إليه حتى تتحسن ظروف المرور بين البلدين التي لن تتحسن أبدا ، وأنا ربك كما تعلم وأنا أعلم .

41
الإبداع وتعب السنين

يعيش الإنسان يحاول أن يوفر لأيامه المقبلة من لقمة العيش والحياة الهادئة فيكتسب مهنة يعتاش منها ، ولكن لسوء الحظ ، هذه حكاية رجل كان أهل الظرف يتندرون بها ، حول نكتة الرجل الذي دخل السجن لمدة 15 سنة ، عن ذنب اقترفه ، فاحتار كيف يقضيها ، وكيف ستكون حياته بعد قضاء المدة وهو بلا مهارة يستطيع العيش منها . فرأى وهو ينظر من النافذة نملة تسير ببطء شديد ، فافتر فاه عن ابتسامة ولمعت في عقله فكرة ، هي أن يقوم بتدريب النملة على الالتفاف نحو اليمين ، فقضى السنين الخمس الأولى من محكوميته في ذلك ، ثن علمها الالتفاف إلى اليسار في الخمس سنوات التالية ، وفي السنين الخمس الأخيرة ، قام بتعليم النملة كيفية الوقوف على عضدها . وعد خروجه من السجن وضع النملة في علبة كبريت قائلا في نفسه : سنرزق بمهارات هذه النملة إن شاء الله . فوصل المدينة جائعا ودخل مطعما ، وبعد جلوسه على طاولة نظيفة أخرج علبة الكبريت وأمر النملة بالخروج منها ، وندى النادل وما أن وصل إله حتى قال له يريد أن يرية عجائب النملة : انظر إلى هذه النملة . فنظر النادل ليرى النملة وامتدت يده مع المنشفة التي بيده على النملة فسحقها وهو يقول : آسفين يا بيه . فضاع تعب العمر في الخمسة عشر عاما الأخيرة في لحظة واحدة .

42
العناية بالأطفال بين الشرق والغرب

هناك تسابق بين الحضارات حول الكمية والنوعية في التربية ، وكلما كانت الحضارة تهتم بالنوعية كانت مقبولة أكثر من الحضارة التي تهتم بالكمية ، وتسري هذه الفرضية ليس على التربية التابعة لتلك الحضارة فحسب وإنما تتعداها إلى كل شؤون الحياة ، فإذا كانت التربية في حضارة ما تهتم بالكمية أكثر من النوعية فإنها في مشكلة حضارية لا تخرج منها حتى تغير موازينها . وعلى ذكر الموازين ، فقد قمت بزيارة صديقي في إحدى الدول العربية وعنده طفاة في الثامنة من عمرها ، وهي في الفصل الثالث ، فاسترعى انتباهي حجم الحقيبة التي تحملها وما فيها من الكتب وهي عائدة من المدرسة ، فالحقيبة ينوء بحملها ابن الخامسة عشرة من العمر ، فقلت لها كيف نستطيع وزن الكتب ؟ قالت: نضع الكتب في الميزان ونزنها فنعرف وزنها . قلت : هناك طرق أخرى فما رأيك؟ قالت: نعم هناك طريقة أخرى وهي أن نضع الكتب في الحقيبة ونزن الحقيبة فنعرف وزنها . قلت لها حاولي وزنها فجاءت بميزان من الغرفة المجاورة ووضعت عليها الحقيبة ولكنها لم تستطع رؤية الميزان لحجم الحقيبة التي غطت الأرقام . قلت لها : هناك طريقة أسهل ، فهل عندك طرق أخرى لقياس وزن الحقيبة وما فيها من الكتب ؟ نظرت إلي نظرة الواثقة

المتمكنة من نفسها، وهنا تدخل أخو البنت وهو يكبرها بسنين فقال: أوزني نفسك أولا ، قامت وكأن الفكرة فكرتها بوزن نفسها أولا بدون الحقيبة ، فكان وزنها 21 كيلوغراما ، ثم قامت فوزنت نفسها وهي تحمل الحقيبة ، فكان الناتج 27 كيلوغراما ، وبعملية بسيطة قلنا لها ماوزن الكتب التي تحتويها الحقيبة؟ فأخذت السؤال بجدية فقامت وجاءت بورقة وقلم ، ورتبت الرقمين عاموديا ووضعت علامة الناقص وبدأت بعملية الطرح وقد اشتركت فيها الأصابع أيضا ، وكان الجواب 6 كيلوغرامات ، قلت لها: أهذا وزنك أم وزن الكتب؟ قالت وهي تبتسم وتؤكد ذكاءها تنتعش بثقتها بنفسها: طبعا الستة كيلوغرامات هي وزن الكتب. فقلت لها : وهل تحملين هذه الحقيبة كل يوم من أيام الأسبوع ؟ قالت وكأنها تريد أن تزيد من معلوماتي المتواضعة عن التربية والتعليم : نعم ، ثم قامت بتبرير إجابتها تلك بأن أضافت: لا نستطيع الدراسة بدون الكتب كما تعلم . وبعملية حساب بسيطة وجدت أن الطفلة المسكينة تحمل حوالي22،8 في المائة من وزنها كل يوم ، وبحسبة بسيطة خلال العام الواحد فإنها تحمل الحقيبة مرتين كل يوم لمدة تزيد على مائتي يوم فيكون مجموع ما حملته الطفلة وهي في الثامنة من العمر ستة كيلوغرامات مضروبة بمرتين ثم ضرب الحاصل ب 200 يوم ، فإن المجموع وبكل بساطة يزيد على 2400 كيلو غراما، وهنا أتساءل: هل التعليم حمل أثقال ؟ أم متعة لتلقي المعرفة ؟ هل التعليم باكمية أم بالنوعية؟ هذا ما كان حال التعليم في بلد الطفلة ، أما التعليم في الدول الأخرى المتقدمة مثل

أوروبا وأمريكا وكندا فيختلف وتبقى الكتب في خزانة خاصة للطالب في المدرسة ، يأخذ منها ما يشاء لكل حصة . وكان تعليقي البسيط على تلك الظاهرة : رفقا بالأطفال حاملي الأثقال ، فمهما اختلفت طرق التدريس فلا يجب أن نختلف في أن الأطفال سيعيشون في عصر غير عصرنا ، وزمانا غير زماننا وبما أن لكل زمن همومه ، فالعلم لا يوزن بالباذنجان (على رأي عادل إمام) أي بالكمية ، وإنما يوزن بالكيفية ، ومن هذا النوع تعويد الأطفال على اتخاذ القرارات الصائبة والتفكير النقدي والنقد المبدع والاهتمام بالجوهر لا بالمظهر ، وتلك لعمري من أسس النهضة الحديثة في كل مجتمع يريد أن يسود في الألفية الثالثة .

59
لا خوف على العرب من العولمة
Arabs and Globalization

لقد انشغل المثقفون في العالم العربي خلال النصف الثاني من القرن المنصرم في الدفاع عن الذات العربية وكأنها في مهب الريح ، ووقفوا موقفا سلبيا ومعاديا أحيانا للذات الإسلامية وكأنها تهديد للقومية ، فانحرفوا بذلك إلى ما لا يفيد من النقاشات التجريدية وتركوا الواقع المعاش الذي كان من الأولى أن يناقش ، وكان الأحرى في رأيي ، أن يهتم المثقفون العرب بما آلت إليه التغيرات الاجتماعية في الوطن العربي . وهي غياب الحرية ، وانحدار طرق المعاش والمستوى المعيشي ومنها بل وعلى رأسها البحث عن لقمة العيش والترقب لفصلها والعمل على عدم قطعها ، فلا خصوصية الذات الفردية المبنية للحصول على وظيفة أو على لقمة عيش تمحو الثقافة الكلية للمجتمع من الناحية الفكرية ولا تمحو العقيدة الداعية إلى العمل والمثابرة ، وبنفس المقياس لا الثقافة المجتمعية الموجهة نحو المادية تمحو خصوصية الذات الفردية إن أرادت الانتماء إلى عرق أو عقيدة أو كفاح من أجل لقمة العيش ، بل إن كليهما الخصوصية الذاتية الفردية والثقافة المجتمعية يعزز موقف كل منهما موقف الآخر ، وبهما معا يستطيع العربي كما يستطيع المسلم أن يعيش بفخر وثقة

112

ويتعايش مع غيره ومع مجتمعه دون صراع نفسي أو اجتماعي أو جيوسياسي .

وتأتي العولمة ، فيجد العرب أنفسهم بين فريقين أو ثلاثة إذا أخذنا في الاعتبار ما بينهما، فأحدهما منفتح نحو الغرب ومثله وليست كل مثله منبوذة ، فالعلوم الحديثة التي تزيد من الإنتاجية والفعالية الإدارية والتفكير المنطقي والتخطيط السليم الطويل المدى من مثله التي نود تقليدها في المشرق ، وقسم منغلق على نفسه وتراثه ومحافظ على مثله ، وليست كل مثله مقبولة . ومنها الأنانية والفردية والعنصرية والتعصب . والفريق الأول له تحليلات ومناقشات وآراء تعكس وجهة نظره ، ولا يقل الفريق الآخر عنه تحليلا ومناقشة وآراء تعكس وجهة نظره كذلك، أما الفريق الثالث وهو ما بينهما فهو فريق لا هوية له هامشي في ذاته الفردية وثقافته المجتمعية ويشعر أنه من غير المهم أن ينتمي إلا إلى العقل دون العاطفة أو ينتمي إلى العاطفة دون العقل ، وفي رأيي أن لكل فريق هفواته وشطحاته في وصف أحواله وأفكاره وعقيدته ، كما أن لكل فريق إبداعاته في التخطيط لثقافة الجمعوية والذات الفردية، ومن ثم لحضارته التي لا تكتمل إلا بتمازج خصوصية الذات الفردية مع الثقافة الجمعوية ، ولا يعقل أن تنمو الذات الفردية في فراغ ، ولكل فرد هوية ، فإذا كانت المرأة أو المرء عربي الهوية ، عربي الثقافة فهو عربي العاطفة عربي التخطيط وعربي النزعة القومية التي تتخطى الحدود السياسية المحلية والوطنية . وإذا كان المسلم إسلامي الهوية ، إسلامي الثقافة ، فهو إسلامي العاطفة ، إسلامي التخطيط ، وإسلامي النزعة العالمية العقيدية ، التي تتخطى الحدود السياسية الإقليمية والعرقية . وإذا كانت المرأة أو

113

المرء يجمع بينهما أي هو عربي إسلامي ، فخصوصيته الذاتية تحد هويته العربية الإسلامية ، أي أنه يمسك العصا من المنتصف فلا هو قومي على حساب الإسلامي ولا إسلامي على حساب القومي ، وإنما يوازن بينهما ليعيش دون التزام بأي منهما ودون الاستغناء عنهما ، فهويته تتراوح بينهما ، ففي ثقافته هو عربي وفي تقديسه لمقدسات الإسلام والشعور بمشاعر المسلمين هو إسلامي .

وتأتي العولمة ومن أهم صفاتها الهيمنة العالمية على مقدرات التبادل التجاري وقوى السوق الحرة والتي تستدعي التبعية من الضعفاء ذاتا وقومية وعقيدية للقوي الذي لا يتصف بقومية أو عقيدية محددة وإنما يملك المعلومات في عصر المعلومات ، كما يملك قوى السوق التجارية من مال وعناصر اقتصاد وحتى سياسة ، فترغم الآخرين على اتباعها وفقدان الهوية الذاتية والقومية والعقيدية، والعولمة تخيف من لا هوية له وتؤثر فيمن لا حضارة له ولا ثقافة ، لا أصحاب الهوية الذاتية أو الانتمائية . وعليه فالعرب والمسلمون ليسوا مهددين بالانقراض ولا بالذوبان في العولمة ، كما أنهم لن ينزلقوا في شلال العولمة دون أن يكونوا متحكمين بفرامل يستعملونها عند الحاجة . فالعالم اليوم متداخل مؤسسيا وفرديا وتجاريا ودبلوماسيا ، فلا خوف على العرب من العولمة ، لأن للعرب ذات وهوية لا تمحى بتبعية للغرب ولا بوصاية غربية ، فالمصادر الطبيعية والبشرية ما زالت في أيدي أصحابها ، وما علاقة التبادل بين الشرق المنتج للمواد الخام وبين الغرب المصنع للمواد الخام إلا علاقة نفعية متبادلة ، ولا تريد العولمة من الدول الفقيرة إلا استيراد ما يصنعه المتحكمون في العالم ماليا وسياسيا واقتصاديا ، وطالما أن العرب كأمة قومية ، أو

المسلمين كأمة عقيدية تستورد ما يصنعه الغرب دون انتماء للغرب فالعولمة ليست ناجحة في المدارين العربي والإسلامي ، لأن الهوية العربية والهوية الإسلامية تنمو مع نمو العولمة جنبا إلى جنب وليس بالضرورة أن تتبع الهويتان العربية والإسلامية الهوية الغربية لمجرد استعمال منتجات الغرب الثقافية ، فللعرب ثقافتهم وللمسلمين ثقافتهم ولكل منهما ذاتية تخص الفرد فيهما ، تنمو في التربية والتعليم والسلوك والأخلاق . بل تستدعي الاهتمام بالمستقبل التربوي والأخلاقي للأجيال القادمة التي ستكون أكثر وعيا لما يحصل في العالم وأكثر تخطيطا وأشجع في اتخاذ القرارات الخاصة بمستقبل التربية والثقافة والأخلاق من الأجيال السابقة ، لأن هذه الأجيال إنما نشأت في عالم العولمة فتمازجت معها دون التخلي عن ذاتيتها الفردية ولا عن هويتها الوطنية ولا عن تطلعاتها القومية ولا عن مشاعرها العقيدية .

****

44
في الأحلام
Dreams

ويحكى أن رجلا نجارا كان يؤمن في الأحلام ، وهو يكاد يعيش من عمله ، ويحلم بالكنوز التي تقع عليه فجأة ليغتني ويصبح ثريا ، وهو يعيش في قرية بعيدة بين الجبال ، وقد حلم مرة أن جنيا أبيض جاءه في الحلم وطلب منه أن يقوم معه ، فمشى معه مسافة طويلة حتى جاء إلى نهر جار في الغابة ، وقال له: تعال غدا إلى هذا المكان وستسمع أخبارا تسعدك باقي حياتك ، فقام من نومه سعيدا وهو يمني نفسه بأنه سيحقق أحلامه في الغنى وامتلاك الثروة ، فقد طغت عليه فكرة الغنى وامتلاك المال إلى حد لم يفكر في غيره . فصمم الذهاب في الغد إلى النهر وانتظر ساعة فساعتين فثلاث ولم ير شيئا غير النهر يجري ، فتمتع بالمنظر الجميل ، ولكنه عاد إلى بيته حزينا لأنه لم يسمع ما يحب أن يسمع حول الثروة والكنوز الذهبية ، وفي اليوم الذ تلاه ذهب منذ الصباح إلى النهر ، ولم يكن يومه الثاني بأفضل من يومه الأول ، وعاد وهو ما زال يطمع في سماع الخبر السعيد بأنه سيصبح غنيا ، وفي اليوم الثالث ذهب إلى النهر فمد نظره يمينا وشمالا فرأى جسرا خشبيا فذهب إليه ووقف يمتع نظره بالمياه الجارية والأشجار الجميلة ، وبينما هو متمتع بالمناظر سمع رجلا يبدو عليه علامات الهدى والإيمان بلحية كبيرة ، فقال له: أراك تأتي يوميا إلى هذا النهر ، فما خطبك ، فأبلغه ما سمع منه ولكنه لم يبلغه من

هو أو من أين هو فقال له الرجل : أتصدق الأحلام ؟ قال نعم ، فأنا آت إلى هذا المكان تنفيذا لحلم حلمت به بالأمس . فقال له الرجل : لقد حلمت مثلك ولكني حلمت بأني سأجد كنزا في دكان نجار يسكن بعيدا ولا أعرف عنه شيئا ، وأقوم كل يوم أسأل عنه فلا أعرف شيئا ، قال له النجار وهل تصفه لي : وبدأ الرجل الشيخ يصف الرجل وينظر إلى النجار ويقول : هو قريب الشبه بك . قال النجار باستغراب : كثير الشبه بي ، ماذا تقصد ؟ فقال له: ما صنعتك يا رجل ؟ فتردد النجار ولم يقل شيئا ، فألح عليه الشيخ فقال النجار ، أنا أعمل نجارا في القرية . قال الشيخ : إذن هو أنت الشخص الذي رأيته في الحلم ، فهل تشاركني في مالك إذا وجدت كنزا ؟ قال النجار مترددا ، ولكن أين سنجد الكنز . قال الشيخ هو في دكانك . فعاد الرجلان إلى القرية ، ودخلا إلى الدكان فقال الشيخ للنجار : احفر هنا ، وستجد أن ما قلته صحيحا . وبدأ النجار بالحفر وما كاد حتى تعثر بصندوق فتحه فوجده كنزا مليئا بالذهب والفضة ، ففرح كثيرا ونظر إلى الشيخ ليشاركه الفرحة فلم يجده . وأصبح النجار غنيا وصاحب ثروة من جراء حلمه . ورغم ما في القصة من مفارقات إلا أنها تملأ الكتب القديمة . فكم من القراء من يتمنى أن يكون حظه مثل حظ النجار ولكنها أمنيات ، والأمنيات عادة مستحيلة مثل يا ريتني طير وأطير حواليك في الأغاني الشعبية والناس كما نعلم لا تطير كالعصافير .

45
Al-Jahiz

أعجبني ما كتبه الجاحظ قبل ثلاثة عشر قرنا تقريبا وأحب أن تشاركوني فيه ، وقد كان الجاحظ أسما على مسمى قصير القامة قبيح المنظر وجاحظ العينين قال يصف حالة حصلت معه بأسلوب ساخر :

ما أخجلني الا امرأتان: رأيت إحداهما في العسكر ، وكانت طويلة القامة ، وكنت على طعام ، فأردت أن أمازحها ، فقلت: انزلي كلي معي ! فقالت: اصعد أنت حتى ترى الدنيا! وأما الأخرى فانها أتتني ، وأنا على باب داري ، فقالت: لي اليك حاجة وأنا أريد أن تمشي معي. فقمت معها الى أن أتت بي الى صائغ يهودي ، فقالت له: مثل هذا .... وانصرفت. فسألت الصائغ عن قولها، فقال: انها أتت الي بفص. وأمرتني أن أنقش عليه صورة شيطان . فقلت : يا سيدتي ما رأيت الشيطان قط ولا أعرف كيف أرسم صورته ، فأتت بك . !

****

46

ِهموم المدرسين في عصر متغير

Teacher Pains

أثبتت الدراسات مؤخرا أن من أهم الصفات التي يتصف بها المدرسون والمدرسات هي أنهم أطول عمرا ممن يعملون في أي مهنة أخرى . جاء ذلك في مجلة "السكان" الصادرة في الولايات المتحدة . وقد استمرت تلك الدراسة أكثر من خمسين عاما ، حيث بدأ الإعداد لها في عام 1940 وشملت 16 دولة غربية صناعية بالإضافة إلى اليابان . فهل تعتبر هذه ظاهرة إيجابية أم سلبية للمدرسين والمدرسات؟ ولا أعتقد أن نفس النتائج ستظهر ، لو نفذت الدراسة في العالم العربي حول طول عمر المدرسين ، أو حول الأسباب التي تطيل أعمارهم. ولكن طول عمر المدرسين لا يقدم أو يؤخر في العملية العليمية ، لأن عملية التربية والتعليم عملية متشعبة يشارك فيها المدرس والمدير والموجه والمنهاج والبيئة المدرسية وأولياء التلاميذ وإدارات الدولة . وتشابك نوعية هؤلاء مع المدرس قد تقصر أو تطيل عمره . فمن هو المسؤول عن فشل العملية التربوية ؟ هل هو المدرس أم المدير؟ هل هو الموجه التربوي أم الوزير ؟ هل هي الوزارة أم المجتمع ؟ هل هو المنهاج أم الطالبة ؟ والطالب؟ وهل ...وهل .... وهل .... ؟.

قال لي مدرس : إن المدير يعيش في عالم بعيد جدا عن عالم المدرسين ، فهو يأمر ويراقب وينتقد ويفصل ويتحكم في المدرسة كما يشاء ، وأهمها أنه لا يعامل المدرسين كبشر لهم عقول أو ضمائر . وقال لي مدير: المدرسون لا يفقهون شيئا من أعمالنا وهم كسالى يحتاجون مراقبة آنية للحفاظ على سير

العملية التربوية . وهم قليلو حيلة لا يعملون إلا ما يطلب منهم ، وهم تابعون غير مجددين في طرق تدريسهم البالية . وقال لي موجه تربوي: المدرسون مسحوقون بالعمل اليومي في التدريس وهم موظفون ينتظرون معاشهم في نهاية الشهر ، وهم لا يهتمون بنفسية الطلاب ولا بأوامر المدير أو الموجه ، فهم يعتقدون أن المدير والموجه أعداءهم أو أنهم قادمون من كوكب آخر.

وبعد استماعي إلى العديد من هذه التصريحات ، وجدت أن الجميع مغرق في خطا التعميم على الجميع في الطرف الآخر (هم) ، دون وزن لمشاعر الآخرين أو وزن للمدرسين المتفانين في وظيفتهم أو للمديرين بفعالية لمدارسهم أو للموجهين الخبراء في توجيههم الفني أو التربوي .وليست المسألة من هو على حق منهم ، ولكن المسألة هي فهم وظيفتهم ومستوى طلابهم وطالباتهم . فهم في مرحلة من مراحل العمر الذي هو تعلم مستمر قبل المدرسة وبعدها أي من الميلاد حتى الممات .

إن الأدوار التي يقوم بها المدرس أو المدير أو الموجه إنما هي أدوار تحتاج إلى إتقان ، كالممثلين على المسرح ، ففيهم الفنان الذي يعرف دوره فيتقيد به ، ومنهم الفنان الذي يبتكر في النص أو الإخراج إذا ما صادفته مشكلة في البيئة المسرحية كالضوء أو الصوت أو النسيان لكلمات الدور . فالمدرس فنان ، والمدير فنان ، والموجه فنان ، وشتان ما بين الفنان الجدير بفنه والفنان الذي لا يكون جديرا بذلك الفن . ومن أخطاء المديرين سواء كانت أخطاء تعيين أو أخطاء كفاءة أو أخطاء تخصص ، أو أخطاء نفسية ، فإنها تنعكس كلها على المدرسين

. فكم من مدرس كفؤ انطفأ سراجه من كثرة اندفاع هواء كلام المدير ، وذابت شعلته من عدم تقدير جهده وكفاءته .

وإن كان من الصعب توجيه اللوم إلى أحد ، فإن التربية والتعليم اليوم تختلف اختلافا جذريا عن التربية والتعليم قبل خمسين عاما مثلا . خاصة في مجالات التخصص وتنوعها وطرق التدريس الحديثة ونوعية المدرسين والمدراء والموجهين . بالإضافة إلى ما تتمتع به المدارس من مباني وفصول حديثة وخدمات مواصلات وتغذية ، لم تكن موجودة في السابق . فالعملية ليست من صنع جانب واحد وإنما عملية مشتركة يشارك فيها المجتمع بكل فئاته . والتراث عادة له أهمية خاصة في الحض على محبة تناول العلم من المهد إلى اللحد.

فليسأل كل مشارك في العملية التربوية قبل اتهام الآخرين المشاركين فيها نفسه هذا السؤال: هل قام بدوره كاملا كمدرس (كمدرسة) أو كمدير (كمديرة) أو كموجه (كموجهة) أو كموظف (كموظفة) أو كعامل (كعاملة) في مدرسة أو إدارة أو وزارة ؟ هل حاول الاستفادة من التقدم التكنولوجي والعلمي في مجال التربية والتعليم ، أم أنهم ظنوا خطأ أنهم ملكوا العلم في مجال وظيفتهم ولا يحتاجون مهارات جديدة ؟ هل غيروا ما بأنفسهم وتقبلوا الأجيال الجديدة بصدر رحب كما هم لا كما يتصورونهم أو يتخيلونهم مثاليين محبين للعلم ؟ هل طبقوا النظريات أم استمروا بعملية تخزين المعلومات من طرف واحد ؟ هل بدأوا يفهمون نفسية الأجيال الجديدة من الطالبات والطلاب ؟ هل غيروا من طرق التدريس البالية التي تركز على المدرس أو المنهج واتبعوا الطرق الحديثة التي تركز على المتعلم والمتعلمة ؟ وهل زادوا من معلوماتهم العلمية التي

121

تيسر عملهم كمدرسين ومدرسات أو مديرين ومديرات أو موجهين وموجهات ؟

لم نذكر حتى الآن هموم المدرسين التي تتصل بعدد الحصص اليومية والأسبوعية ، ولا بحجم ونوعية المنهاج الواجب إنهاؤه ، ولا بمستوى العائد المادي الشهري على جهودهم ، ولا بمشاكل التقويم (التقييم) أو مشاكل المواصلات ، ولا بمشاكلهم الأسرية ، ولا بمشاكلهم النفسية، وكلها لها أثر في العملية التربوية . فاتقوا الله يا من تشاركون في العملية التربوية في المدرسين وابحثوا عن دوافع تدفعهم للامتياز والكمال في عملهم . فهم الذين قال فيهم رسول الله صلى الله عليه وسلم : من علمني حرفا كنت (أو صرت) له عبدا . أو كما قال

47

ضرورة التعليم مدى الحياة
Long Life Education

لا يكتمل تعلم الإنسان في أي فترة من فترات حياته بل يحتاجه طيلة حياته ، فهو في سن ما قبل الروضة ، يحتاج أسرة حنونة تتمثل في الأم والأب تأخذ بيد الطفل أو الطفلة حتى يشعروا بالانتماء الطبيعي ، وينتقل الأطفال إلى الروضة ولها نوعية خاصة في تربية الأطفال ، وينتقلون إلى المدرسة الابتدائية ومنها إلى المتوسطة فالثانوية ، وبعدها ينتقلون إلى الدراسة الجامعية التي تزيد من معرفتهم لأنفسهم أولا ومن ثم فهم دورهم في الحياة وفهم غيرهم في المجتمع الكبير. وفي كل فترة من هذه الفترات يحتاجون إلى من يأخذ بيدهم ليقودهم إلى مرحلة أخرى تزيد من معارفهم ، وتبني شخصياتهم ، وتساعدهم على اكتساب مهارات للعيش بسعادة في المجتمع الكبير . ولا يتوقف التعليم عند هذه المرحلة ، حيث يحتاج كل إنسان بعد الزواج أن يتعلم أسس استمرار الحياة الزوجية بسعادة ، فإذا انتهت ووصلت إلى طريق مسدود ، احتاج كل إلى فهم تلك المرحلة من الناحيتين ـمنهما - الزوج والزوجة النفسية والاجتماعية ، وإذا مات أحدهما احتاج الآخر إلى التأقلم ليعيش بدون صاحبه في عالم يزيد اعتماد الناس فيه على أنفسهم لا على الجماعة ، فلكل منهم شأن يغنيه . وينطبق ما قلناه هنا على موضوع البحث عن وظيفة أو طريقة لتسويق النفس والمؤهلات ، وهي علوم مستقلة بذاتها ، فالتأقلم إلى البيئة الجديدة سواء كانت وظيفة أو أسرة أو بقاء بعد فقدان حبيب ، يحتاج إلى تعلم مستمر يأخذ من الإنسان عمره . وقديما قالوا: العلم يعطيك جزءا منه مقابل عمرك كله ، فإذا

أعطيته عمرك ، كنت في خطر . بمعنى أن الإنسان يفني عمره ولا يستطيع أن يحوز من العلم إلا على قسط يسير منه فهو يحتاج أعمارا لمعرفته وإتقانه ، فاستغلوا أعماركم فيما يجلب السعادة لكم لا التعاسة . هل أنتم مهتدون ؟

****

48
التكنولوجيا والدنيا آخر وقت

TECHNOLOGY CHANGE OVER TIME

قال لي صديق هذه الحكاية: قبل أيام كان والدي في زيارة دولة قطر ، وما أن نزل من الطائرة وأصبح خارج المطار توجهنا إلى السيارة ، فتناولت التلفون النقال واتصلت بأخي لأبلغه بوصول الوالد إلى دولة قطر سالما ثم ناولت التلفون لوالدي . فنظر إلي الجهاز النقال الذي لم يتعد حجمه نصف كف اليد غير مصدق ، وبدأ يتمتم مبهورا ، ويقول : "سبحان الله ، الدنيا يا ولدي آخر وقت" . ثم قال لي نفس الصديق : إن الوالد كلما رأى شيئا جديدا من التكنولوجيا ردد جملته المشهورة أيضا مبهورا غير مصدق "سبحان الله ، الدنيا يا ولدي آخر وقت" .

ومنذ فجر التاريخ والتكنولوجيا تبهر الناس ، فقد أدى استعمال المحراث إلى تغيير معالم الإنتاج الزراعي ، واكتشاف الآلة البخارية غير معالم الإنتاج الصناعي ، واكتشاف التلفون والتلفاز والإذاعة غيرت معالم التاريخ المعاصر ، وأدى اختراع الحاسوب (الكمبيوتر) إلى تغيير وجه العالم حيث نسج عالما جديدا في الاتصالات السريعة ، ومن يملك قوة صنعه يملك القوة في قيادة هذا العالم الذي نعيش فيه . إذ لم تعد الحروب في الوقت الحاضر تعتمد على عدد أفراد الجيش وإنما على التكنولوجيا الذي يمتلكها . فالتكنولوجيا اليوم تستعمل للهجوم وللدفاع عن بعد .

وتعتبر التكنولوجيا سببا ونتيجة معا تؤثر في المجتمع ويؤثر فيها المجتمع لحاجته إلى تكنولوجيا جديدة . فمثلا خدمة عدد قليل تحتاج كتبة لإنهاء أعمالهم ، فإذا زاد عدد السكان فإن الحاسوب والإدارة الحديثة ستحل بعض المشاكل الإدارية ، ولذا يرى الناس جديدا من التكنولوجيا الحديثة يأخذ مكان التكنولوجيا القديمة كنتيجة حتمية لحل المشاكل ، فقبل عشرين عاما كان حجم الكمبيوتر كبيرا حتى أن غرفة كبيرة تضيق به ، أما اليوم فنراه بحجم ساعة اليد ، وفيه الفاكس والتلفون ، والكاميرا ، والآلة الحاسبة الدقيقة .

فأما اعتبار التكنولوجيا سببا في التغير الاجتماعي فهي اختراع يؤثر في العلاقات الاجتماعية فيقربها أو يبعدها كاختراع وسائل المواصلات الناقلة كالسيارة والطائرة والقطار والسفينة والصاروخ . فمثلا كان اختراع السيارة يقرب المسافات بين الناس فيقومون بزيارة بعضهم ويلتقون وجها لوجه ، ولكن اختراع التلفون أبعد بين الناس من ناحية اجتماعية حيث بدأ الناس يتصلون ببعضهم عبر الهاتف بدلا من الزيارة من أجل اللقاء وجها لوجه . وأما اعتبار التكنولوجيا نتيجة فإن زيادة عدد السكان يستدعي البحث عن اختراع جديد . خذ مثلا مصلحة البريد حيث كان رجل واحد يوزع البريد بنفسه للقرية ، أما الآن فالبريد الآلي يخدم ملايين البشر في وقت قصير أحيانا يصل إلى ثوان معدودات . فهل سنصل يوما إلى أن نقول ما قاله والد صديقي : "سبحان الله ، الدنيا يا ولدي آخر وقت." أعتقد أننا سنفعل ذلك ، خاصة وأن التكنولوجيا تتجدد كل يوم ونحن نقف نتفرج عليها وننبهر بها وبعجائبها. فعلا ، لا نحتاج إلى طول وقت ، فقد صدق والد صديقي حين قال: الدنيا آخر وقت .

49
الكمبيوتر والأخلاق
ETHICS AND THE COMPUTER

هل تعلمون أن الحاسوب (الكمبيوتر ومعه الانترنت وهو من التكنولوجيا التي تدخل أكثر البيوت في هذا العالم فيراها الكبير والصغير) ، هو جهاز ليس له عقل ويفهم أكثر من شعب كامل ؟ وهل تعلمون أنه ليس له حول ولا حيلة ولكنه مخادع قوي كبير؟ وهل تعلمون أنه صغير ولكن فعله كبير ؟ وهل تعلمون أنه يفرج الهموم عن مستعمليه ويخدمهم أو يستخدمهم فيما يشاؤون ويحبون ويجلب الهم لمن لا يريده أحيانا ؟ وأخيرا هل تعلمون أن الكمبيوتر سيف مصلت على الأسرة وخاصة الأطفال ؟ لسبب بسيط وهو أنه إذا أسيء استعماله يهدم ما يبنيه الآباء والأمهات ، ويفصل بين الأزواج والزوجات ، ويفرق بين الإخوة والأحبة . فكم من بيت انهدم وكان السبب فيه هذا الكمبيوتر الغبي ، الذكي، القوي ، الضعيف في آن واحد .

فكيف نستغل ذكاءه لصالح الأسرة ؟ وكيف نجعله يساهم في تربية النشء وتربية الشعوب بدلا من المساهمة في هدم الأسر وهدم الشعوب ؟ كيف نجعله بناء للأخلاق لا هداما له ؟ هذه الأسئلة وغيرها كثير ، ترددت أخيرا بين الذين يغارون على أخلاق النشء الجديد وأخلاق الشعوب العريقة . ولكن المد كبير وشديد ، لا يقف أمامه إلا كل ذي حظ عظيم . قال لي صديقي يوما: "عدت من العمل يوما إلى البيت ففوجئت بوجود ولدي ابن العشر سنوات ومعه خمسة من رفقائه وهم في مثل

سنه ، استغلوا فرصة غياب الأم والأب عن البيت ، فجلسوا يتفرجون على الانترنت . ولم يفطن أحد لوصولي ، فوقفت خلفهم أنظر إلى ما كانوا ينظرون إليه ، فانعقد لساني ، وطار صوابي ، وغلا الدم في عروقي ، ولم يغب عن ذهني من قبل ولو للحظة واحدة ، أن طفلي والأطفال الآخرين هم في سن بريئة لا يطالها الشك من قريب أو بعيد . وكم كانت دهشتي حين دهشوا لوجودي ، فلم تكن المناظر التي سمرتهم أمام الكمبيوتر بريئة ، فما أن رأوني واقفا أمامهم ، حتى أصبحوا للحظة وكأنهم خشب مسندة ، لم يحيروا جوابا لسؤالي الذي توقف على لساني فلم أسأله . ماذا تفعلون ؟ وانتشر الأطفال في كل زاوية من البيت هاربين ، وكل منهم يشير إلى الآخر على أنه المذنب البادىء بالأمر كله ، فقد انكشف سرهم ، وذاع أمرهم ، وطار صوابهم ، وأصبحوا وكأن على رؤوسهم الطير ، ولم يجبني عن السؤال إلا ولدي البالغ من العمر أربع سنوات حين أفاق من نومه ، وهو يبكي وينظر إلى الكمبيوتر ويقول : "أبويا ، أبويا ، الكمبيوتر ما يستحي" . فلا يقولن أحدكم غدا ، إن الكمبيوتر عنده أخلاق . فهل يتعظ الآباء والأمهات والمدرسون والمدرسات فيفتحوا أعينهم واسعات . فهم مسؤولون عن انحراف الأطفال سواء أرضوا أم لم يرضوا

50
صراع النفس ونظرية المؤامرة
SELF CONFLICT AND
CONSPERACY THEORY

يعتقد البعض من النساء والرجال أن هناك مؤامرة تحاك ضدهم من طرف لا يستطيعون وصفه تحديدا ولا شكلا ، كلما وقعوا في ورطة عائلية أو أصيبوا بانتكاس نفسي أو خسروا مالا وأرواحا في حرب أو مالا وأسواقا في تجارة . أو انصدموا في قصة حب اعتقدوا أنها مؤمنة وغير قابلة للصد م فكتب لها الفشل ، أو فشلوا في تحقيق هدف اعتقدوا أنهم أحسنوا التخطيط له ففوجئوا بالوسائل السلبية التي لم يحسبوا . ... أو ......لها حسابا فساهمت في إفشال أهدافهم ، أو إلى آخر خذه الأمثلة ، فإن هذا أمر طبيعي يمكن معالجته علميا . فقد أثبتت الدراسات أن سبب البلاء في معظم الأحيان هو الإنسان نفسه لا المحيطين به أو بها كما يعتقد المرء أو المرأة فإن الإنسان على فرض أنه إنسان ـــ وعليه وباختصار شديد متراكم الخبرات والتعلم ينشأ في أسرة تحنو عليه وتقدم له كل أسباب البقاء والنمو والتطور ، فإنه يمكن إصلاحه من حالة لوم الغير إلى حالة لوم النفس . والفرضية تقول أن الإنسان مسؤول عن تصرفاته ، سواء أكانت هذه التصرفات مقبولة من المجتمع أم كانت مرفوضة . أو إن كانت مقبولة جزئيا أم مرفوضة جزئيا . وإن كانت نتائج تصرفات الإنسان المرفوضة قد تجلب له مشاكل لا يحدها شمال أو جنوب ، كما لا يحدها غرب أو شرق . فإن تصرفات الإنسان المقبولة من البيئة الاجتماعية من حوله قد تكون أيضا بلا حدود.

ونعود لفكرة تعليق اللوم الإنساني على الغير الموصوف بالمؤامرة التي يحيك خيوطها الناس للناس أو التي تحيك خيوطها الدول للدول أو الشعوب للشعوب أو الجار للجار أو الغني للفقير أو الشمال على الجنوب أو الأبيض للأسود أو الزوجة للزوج أو الزوج للزوجة أو (الحماة للكنة) أو الصديق للصديق أو كثير المصادر لقليلها ، أو الرأسمالية العالمية للاشتراكية العالمية ، أو مؤامرة التكنولوجيا (أو صانعيها غربا أو شرقا) ضد الإنسان والقيم والتقاليد . فكلها مصادر للوم بعض الناس البعض الآخر من الناس . خذي مثلا : إذا وقفت سيارة فجأة أمامك وأنت تقودين سيارتك ، تقولين (في الغالب) بسرعة ودون تفكير: من هذا الغبي الذي لا يعرف القيادة ؟ فتلومينه عل سوء قيادته ، وتنسين أن تلومي نفسك إذا حصل حادث والتحمت مقدمة سيارتك بمؤخرة سيارته . ولا تشكري ما أنت فيه من وعي وإدراك وحسن قيادة إن تفاديت ذلك الحادث . فالذي يقود سيارته أمامك ، ليس له حول ولا قوة خاصة إذا مر من أمامه فجأة ، إنسان أو حيوان .

خذ مثلا آخر ، تعطي موعدا لبعض الناس فلا تصل في الوقت المحدد ، فتلوم الشارع المكتظ بالناس والسيارات ، ولا تلوم نفسك لسوء تخطيطك . بل ولا تعتذر عن ذلك التأخير أو لم تتصل لتخبر صاحب العلاقة بأن الظروف لم تسمح لك بالحضور حسب الوقت المحدد لذا فإنك تعتذر عن التأخير . فدقيقة التأخير هي تأخير بحد ذاتها على كل حال . ووصولك خمس دقائق أو أقل أو أكثر عن موعدك هو الأساس ولكنك لا تفي بالوعد وتكابر بأن السبب في التأخير هو المرور أو أي شيء آخر عدا نفسك . وهذا مرض عصري بحد ذاته يصاب به العربي في الشرق أو غيره في الغرب أو من تخلقوا بأخلاقه

في هذه النقطة . إلا أن الفرق واضح بينهما فالأول يلوم المرور وحركة السير ولا يعتذر ويعتبرها قاعدة لا من الشواذ ، بينما الآخر يلوم نفسه ويعلل تأخره بالاعتذار بالاتصال أو بالتعبير عن شعوره المؤلم بتأخره عن الموعد ولو دقيقة واحدة .

فأين المؤامرة إذن ؟ في المثالين السابقين . هل تآمر من يقود سيارته أمامك وهو لا يعرفك ؟ أم تآمرت حركة المرور عليك فأخرت وصولك إلى موعدك ؟ الجواب واضح عند كل عاقل، ولا يحتاج إلى تعليق أكثر .

أما المؤامرة أو ما يطلق عليه "نظرية" المؤامرة ، فهي ماركسية اشتراكية في أصولها ، ومفادها أن الأغنياء أصحاب رؤوس الأموال وأصحاب الأراضي ,اصحاب المصانع قد تآمروا مسبقا على العمال الفقراء في كل مجتمع أو قل في العالم أجمع ، ومنها مؤامرة الشمال على الجنوب ، أو مؤامرة الصهيونية العالمية على العالم ماليا وفكريا أو مؤامرة. أو مؤامرة الرأسمالية العالمية ضد الأسرة لزيادة استهلاك صادراتها التكنولوجية ، فهي تفرق بين الرجل والمرأة وتدق الأسافين بين الآباء وأبنائهم ، وبين الأسرة والعاجزين فيها من الأطفال والمسنين .

وبصورة أخرى فإن كل ما لا يرى بالعين المجردة أي لا يمكن تحديده زمانا أو مكانا هو السبب في المؤامرة . فهو الرأسمالية أحيانا ، وهو الاختراعات التي تساهم في ضعف عرى التواصل بين أفراد الأسرة أحيانا أخرى ، وهو أحيانا التنافس أو التناشز بين القرية والبادية من جهة وبين المدينة وتعقيداتها من جهة أخرى . فكيف نضع إصبعنا على المؤامرة أو الإشارة إلى المتآمرين في هذا الحال؟ إذا سلمنا جدلا بأن هناك تآمر

ضد النفس أو النفوس الإنسانية فردا كانت أو على شكل أسرة ، أو على شكل مجتمع نام أو مجتمع نائم ؟ ذلك ما نريد أن نلفت النظر إليه وأن ندعو إلى التفكير حوله في هذا المقال . فهل وصلت الفكرة ؟

****

51

هل أنت مثقف ؟ مثقفة ؟

ARE YOU LEARNED PERSON?

هذا المقال للمثقفين والمثقفات من أبناء وبنات الأمة العربية ، فإذا قرأته أو قرأتيه قراءة متأنية وحاولتم فهم ما فيه من أفكار ، فاعتبر نفسك في عداد المثقفين الذين يفهمون ما يقرأون ، أو اعتبري نفسك في عداد المثقفات اللواتي يفهمن ما يقرأن . وهذا يعني أن هناك بعض المثقفين لا يفهمون ما يقرأون أحيانا ، أو أن بعض المثقفات لا يفهمن ما يقرأن أحيانا ، أو لا يفهمون ما يكتبون أو لا يفهمن ما يكتبن أحيانا أخرى ، فمهما كان عمركم ، ومهما كان جنسكم (ذكر أو أنثى) ، ومهما كانت مستويات دراستكم ، ومهما كانت جنسيتكم ، ومهما كان اتجاهكم السياسي ، ومهما كانت ديانتكم ، ومهما كانت وظيفتكم ، فأنتم في فهم هذا المقال مثقفون أو مثقفات يفهمون ما يقرأون، أو يفهمن ما يقرأن ، سواء بقبول ما جاء فيه أو عدم قبول بعض ما جاء فيه أو كله . وأنا على استعداد بأن

كتابة ـ أنكم من القراء المثقفين أو من القارئات ـأشهد المثقفات الذين يستحقون التقدير والإعجاب والتشجيع إذا فهمتم ما تقرأونه . وهذا ليس اختبار مهارة للفهم ، ولا قياسا للتعقل ذكرا كان أم أنثى والتفكر ، ولا امتحان للذكاء ، فكل إنسان ـ ـ مهما بلغ أو بلغت من البلاهة أو الذكاء ، أو حاز أو حازت من قلة العقل أو زيادته ، وسواء أكان مرغما أو مختارا أو كانت مرغمة أو مختارة فإنه يفهم بقدر ، أو تفهم بقدر ، وعليه فإن العالم أو العالمة وغير العالم وغير العالمة يتساوون في فهم ما يقرأون إذا أرادوا الفهم أو المحاولة للفهم ، خاصة إذا

مهما كان صعبا - بصورة سهلة ميسرة واستطاع -طرح أمر الفرد أن يقول رأيه أو تقول رأيها فيما فهم . ولنا في التاريخ خير معلم ، فكم من الحكماء من لا يقرأ ولا يكتب ، ولكنه سديد الرأي ، شديد الفهم ، حاد الإدراك . فإذا قرر شيئا كان قراره حكيما مؤثرا يستدعي التقدير والإعجاب . وكم من النساء الحكيمات من لا تقرأ ولا تكتب ، ولكنها سديدة الرأي ، شديدة الفهم ، حادة الإدراك ، فإذا قررت شيئا كان قرارها حكيما مؤثرا يستدعي التقدير والإعجاب .

أما زلت معي أيها القاريء ، أيتها القارئة ، إن لم تستطيعوا فهم ما قرأتموه حتى الآن ، فأعيدوا القراءة من جديد ، ولن تخسروا شيئا ، فإن فهمتموه ، وستفهموه ، إذ ليس عندي شك في ذلك إن ركزتم في القراءة لما سبق ، ورتبتم الأفكار التي وردت فيه حتى الآن ، فإنكم من المثقفين الذين يفهمون ما يقرأون أو المثقفات اللواتي يفهمن ما يقرأن . فهل أنت مثقف ؟ يا مثقف . وهل أنت مثقفة ؟ يا مثقفة .

****

52

قيام وسقوط الدول
STATES Decline Signs

يمكن تعريف الدولة سياسيا بأنها النظام السياسي لحيز مكاني تمثله حكومة وجيش وشعب. وتقاس الدول بمقومات وجودها الأساسية ومنها مقومات الكفاية لبقائها واستمرارها دون مساعدة مشروطة من الدول الأخرى ومنها استمرار هيبتها وصلاح أمر المسؤولين فيها وثباتها على مبادئ العدل والحرية والمساواة والتواصل الروحي بين الحكام والمحكومين كما هي متعارف عليها في التراث الروحي لها ولتابعيها من الجماهير. وحسب هذا التعريف ينطبق الجزء الأول من التعريف على معظم الدول أما النصف الثاني من التعريف فان كثيرا من الدول (أو المسماة بالدول) في أسيا وأفريقيا بما فيها بعض الدول العربية فلا ينطبق عليها.

أما العوامل المساعدة على قيام أو سقوط الحضارات والدول فقد تم-بناء على بحث علمي طويل-تحديد خمسة عوامل تقوم عليها الدول أو تدول فتنهار وهي:

1. شرعية الدولة وهيبتها: وهي العوامل التي كانت سببا في وجود الدولة ومنها حكومات قامت بالثورة على الحكم السابق (قهرا أو طوعا) أو حكومات جاءت بطريقة سلمية اختيارية (انتخبت بطريقة ديمقراطية). أو حديثة عهد بالحكم استولت عليه لوجود فراغ سياسي أو انتقلت من حياة بداوة الى حياة مدن وحضارة. وهناك دول قامت كحليفة للاستعمار لتقوم بوظيفة تخدم مصالحها ومصالحه . ولكل نوع من هذه الأنواع

طرقها في حفظ النظام والتعامل في الاقتصاد الوطني بطرق إيجابية أو طرق سلبية. وقد بقيت بين الدول التي كانت مستعمرة للدول الصناعية والمستعمرين علاقات في مجالات التعليم والتكنولوجيا وتزويد الأسلحة الجيش. ويختلف مستوى العلاقات بين الدول وتتراوح بين الاستشارات السياسية الى الدعم المادي والهيمنة العسكرية. وهذا ما يطلق عليه البعض اسم الاستعمار الجديد.

2. والاقتصاد الوطني: فأما العصبية السياسية فهي التحام العصبة الحاكمة نظرا لشرف أو لحزب أو لتعددية أحزاب. ويدعم قوة العصبية الاقتصاد الوطني وهو ميزان الصادرات والواردات، وطرق معالجة المشاكل في مجالات الزراعة والصناعة والتجارة من وجهة نظر رأسمالية أو اشتراكية أو مزيج منهما، والتصرف العادل أو الظالم في مجالات الانتاج والاستهلاك والتوزيع، بالإضافة إلى مدى القوة أو الضعف الذي تتصف به القوات الحارسة للحكم مقارنة بغيرها من الدول.

3. مصادر وادارة أموال الدولة: وهي عوامل تدور حول الصرف في مواضعه أو غير مواضعه (البذخ في مجالات خاصة دون العامة)، ونسبة عدد العاملين الى نسبة عدد العاطلين عن العمل، ومدى نجاح أو فشل مشاريع التنمية وظهور ضررها على الناس مما لا يمكن اخفاؤه كالنقص في ميزان المدفوعات والتنصل من تمويل المشاريع حسب الميزانية وكثرة الضرائب، أضف الى ذلك مدى عدالة الدولة في تعريف الممتلكات الخاصة والممتلكات العامة أو التحيز لأحدهما على حساب الآخر، وأخيرا نشاطات الدولة في عملية تنمية أو اهمال (أو تدمير) المصادر الطبيعية والبشرية.

الجيش وطرق اعداده: يعتبر الجيش في أي مؤسسة 4. مقدرة سياسية القوة التي تحمي تلك المؤسسة وقد قل في التاريخ أن يكون الجيش محايدا. وقد كثر تحيزه باتجاه السلطة الحاكمة التي تدفع رواتبه وتوليه عنايتها من خلال التدريب المستمر للقادة والأفراد، وتزويد قطاعاته بالمعدات والآلات الحديثة.

5. التراث الروحي: نقصد بالتراث الروحي هو الحبل الأخلاقي الذي يربط الشعب والحكومة معا في ما يعرف بالتراث (وهو ما تعارف عليه الناس من العادات والتقاليد واللغة والقيم الروحية التي تتمثل في العقيدة) وكيف يحدد التراث مفاهيم العدالة والمساواة والحرية والشرف وغيرها من القيم الروحية.

فاذا تواجدت هذه العوامل الخمسة متوازنة في دولة ما نمت وازدهرت واذا ساءت واضطربت هذه العوامل في أي دولة سقطت وانهارت وزال وجودها فاندثرت.

سمات ومعالم انهيار هيبة الدولة:

يعتبر بناء هيبة الدولة من أهم عوامل الثبات والاستمرارية. وهيبة الدولة تعني الثقة والتقدير لمؤسساتها الشرعية والقانونية والتنفيذية في المجالات السياسية والاقتصادية والاجتماعية. كما تعني احترام الدستور والقانون والعزة الوطنية للأفراد كبناة حضارة. فاذا فقدت الدولة هيبتها وبدأ بالتطاول عليها بعض أفرادها أو مؤسساتها فان ذلك بداية القلاقل لمواطنيها. وعادة ما يمر انهيار هيبة الدولة في مراحل تتفاوت في الضعف والقوة في مؤسسات الجذب والدفع، وهذه المراحل هي:

1. المراحل الأولى لفقدان هيبة الدولة:

اذا اتسعت رقعة الدولة أو وصلت إلى الجيل الثالث أو الرابع من مراحل قيامها ، ظهرت حقائق أو إشاعات حول الرشوة والمحسوبية، وتبذير الأموال، وحقائق أو إشاعات حول فضائح المسؤولين الأخلاقية، وحقائق أو اشاعات زيادة الظلم والغش التجاري والسكوت عليه مع الغش والخداع السياسي، وحقائق أو إشاعات حول زيادة التذمر الشعبي، وحقائق أو إشاعات حول زيادة التفاوت في امتلاك الثروة. وحقائق أو إشاعات حول التنصل من خدمة الشعب القريب والميل نحو المستعمر الثقافي المادي أو الروحي البعيد والقريب. إذا تراكمت هذه الإشاعات فإن هيبة الدولة تسقط عند تابعيها ورعاياها. ومن مظاهر فقدان هيبة الدولة مثلا: إحراق علم الدولة وإحراق صور شخصيات الدولة والقيام بالمظاهرات والتجمعات العفوية أولا ثم المنظمة ثانيا. وتبدأ المناطق في الأطراف بالدعوة إلى الانفصال والاستقلال عن المركز ولا يسع المركز الا بالتسليم بالأمر الواقع لعدم استطاعته على إعادة الأطراف إلى المركز.

2:. المرحلة الثانية لفقدان هيبة الدولة
حقائق أو إشاعات إخماد الحريات عن طريق المخابرات وزيادة أفعال القمع العسكري للفتن. وهذه المرحلة يبدأ التحدي للدولة فينقسم الشعب بين مصدق ومكذب وبين مؤيد ومعارض.

3. المرحلة الثالثة لفقدان هيبة الدولة: استمرار القلاقل والاعتداءات وتأخذ الأساليب التالية وتتدرج في قوتها أو ضعفها حسب إمكانيات ومصادر دعم الفئات المعارضة في الداخل أو الخارج. مثل:

أ. الحض على مقاومة الظلم بالكتابة والنشر عن طريق الفئات المعارضة للحكم أو عن طريق وسائل الاتصال السمعية والمرئية في الداخل والخارج.

ب. البدء في عمليات اغتيال ممثلي الدولة في الداخل (الوزراء والعمال المدنيين من عناصر السلطة) أو في الخارج (ممتلكات ومباني السفارات والسفراء والعاملون في السلك الدبلوماسي.

ج. الجرأة على تفجير مؤسسات الدولة كالوزارات والبنوك ومؤسسات السلطة.

د. نسف شرايين الاتصال بين أجزاء الدولة كالجسور ومرابط المياه والمصادر الطبيعية الفعالة.

فإذا وصلت تلك المجابهات إلى هذا المستوى من المجابهة (التحدي ومقاومة التحدي بالقوة) فان الدول ترد عليها بمدى قوتها وسلطتها في مقاومة السقوط، فتزداد تصرفات ممثلي الحكومة في دوائر الأمن والجيش عنفا وظلما ويفقدون أعصابهم وحكمتهم في حل الأمور، فيبدأون بتأمين مستقبلهم بزيادة سرقة الأموال العامة وتهجيرها إلى الخارج. كما تزداد قيمة المعارضين قوة لأنهم يدخلون مرحلة التحدي والوقوف موقف الند للند للحكومة ويبدأون الهجوم العلني لإسقاط النظام القائم يساعدهم في ذلك ما ينادون به من رموز العدل والحرية والعقيدة والمساواة . فيكثر الظلم ويعم الفساد وتقل الحريات وتكثر الإقالات، وأخيرا تسقط الدولة ما لم تتغير بعض الوجوه وهم يشكلون كبش الفداء للم الشمل وفرض الهدوء والأمن وهو أقل ما تفعله السلطة لامتصاص النقمة الجماهيرية والتقليل من سرعة انهيار هيبة الدولة أو توقيفها وإعادة بنائها من جديد باستعمال القواعد الشعبية من رجال الجاه والعلم

والعدل. فإذا لم يكن بد من السقوط فان التخلص من أذى النظام القديم والتطلع إلى ما يتوقع من عدالة النظام الجديد يزداد قاعدة بدعم قوة الفئة المعارضة التي يسندها أحيانا الجماهير التي تتعاطف معها كلما أحسنت دعايتها ومزجت إيجابيات كفاحها في حالة النصر مع سلبيات الحكم القائم وممثليه التي تتصل بالشعب مباشرة . ومدى قرب أو بعد كل من تصرفات ممثلي الدولة أو قادة الفئات المعارضة من التراث الروحي للجماهير خاصة فيما يتعلق بالعدالة وما يقابلها من الفساد، والحرية وما يقابلها من ازدواجية في التطبيق ، والمساواة بين الأسد والثعلب أو المساواة العادلة في اقتسام خيرات الأرض والنظام القائم على التراث الروحي للجماهير.

****

53
المستقبل والتغيير
Future and Change

يقول الشاعر العربي: ثلاثة أيام هي الدهر كله ـ وما هن إلا الأمس واليوم والغد ، والعصر كله كالزمن لا يتعدى هذه الأيام الثلاثة . وقد كثر العلماء الذين درسوا وألفوا في الحضارات القديمة والحديثة خلال التاريخ نذكر منهم ابن خلدون ، وديورانت وسبرنغلر ، وتوينبي ، وبرنار لويس ، وفي العصر الحالي اهتم فوكوياما وهانتنغتون في مؤلفاتهما حول صراع الحضارات . واتهما أحيانا بالعنصرية وأحيانا بعدم العلمية في كتاباتهما ، أما من الكتاب العرب الاجتماعيين فنذكر منهم حسين مروة ومحمود العالم وطيب تيزيني ومحمد أركون وحسن حنفي وعبد الله العروي ومحمد جابر الأنصاري وساطع الحصري وكاتب هذه السطور وآخرين.

وقد اتبع كل من هؤلاء الكتاب منهجية خاصة في دراسة الماضي والحاضر لاستشفاف تاريخ المستقبل أو ما يمكن التكهن به من تغير عالمي أو إقليمي حسب عاملي المواليد والوفيات والتقدم التكنولوجي وعامل الهجرة من وإلى البلاد . وقد تخصص عدد من علماء الاجتماع الغربيين والشرقيين في سبر غور الماضي من أجل التكهن بمستقبل هذا العالم إقليميا وعالميا.

ومن مجالات التغيير التي طرقوها وتنبأوا بها في المجتمعات الحديثة زيادة الصرف على التربية والتعليم ، واستمرار التقدم التقاني (التكنولوجي) ، وزيادة الصرف على الجانب الصحي ، وعلى زيادة عدد مراكز العناية للأطفال في الشركات الخاصة والعامة كنتيجة لعمل الوالدين (خاصة عمل النساء) ، إذ أنه من المتوقع زيادة أعداد النساء في تولي مناصب ومراكز تنفيذية قيادية إدارية وزيادة عدد العاملات في المؤسسات العامة والخاصة ، كما أن برامج التلفاز ستصبح أفضل نظرا للمنافسة العالمية لاستقطاب المشاهدين والمشاهدات للعديد من القنوات التلفزيونية ، كما أنهم درسوا الاتجاه نحو أثر الدين على الحياة الاجتماعية والاقتصادية ، خاصة ظاهرة البعد عن التدين والأخلاق في الدول ذات الكثافة السكانية العالية وخاصة الصناعية منها ، والابتعاد عن السلوك الديني (من المحافظة إلى العقلانية) والاتجاه نحو المادية الوقتية، كما ركز علماء الاجتماع على قلة نسبة المواليد في الغرب وزيادتها في الشرق ، وعلى الجرائم وقلتها ، وازدياد حالات الانتحار .

أما في الاقتصاد فقد درس علماء الاقتصاد والاجتماع والعلوم السياسية ارتفاع الأجور ، والتغير في عدد ساعات العمل ، وعدد العاطلين عن العمل الذي سيقل مستقبلا ، وأفادوا بأن راس المال سيتزايد سواء من الأفراد أو الدول . أما حجم المصانع وفاعليتها في التصنيع فستزيد ، ويصبح التخصص أكثر عما قبل. أما في مجال التأمين فالعقلانية ستحكم قواعده وقوانينه . وستزداد الاستقلالية بالنسبة للبنوك ، أما البنوك التجارية فستندثر .

وعند دراسة المستقبل ، لا بد من فهم أسباب التغيير ومؤشراته واتجاهاته ، وممن درسوا هذه القضايا عالمان أمريكيان هما جون نياسبت وزوجته في كتابهما (ميغاترند) MEGATRENDS وألفن توفلر في كتابه الموجة الثالثة The Third Wave.

وقد كان لكاتب هذه السطور خبرة خاصة في تدريس هذين الكتابين في الثمانينات لطلاب الدراسات العليا في عدد من الجامعات الأمريكية . وذلك في مادة تغير السلوك الإنساني الحديث في المجتمع المعاصر.

أما أسباب التغيير بعد سنة 2000 فلن تتغير كثيرا عن مؤشرات السبعينات والثمانينات ، حيث تكمن في ثلاثة محاور هي: التغير السكاني وما يتبعه من زيادة أو نقصان عدد السكان وحركة البشر من بلد الأصل إلى بلد الوجهة . والمحور الثاني المصادر البشرية والطبيعية . أما المحور الثالث فهو التقدم التقني في عالم الاتصال بين البشر سواء بين أعضاء الأسرة الواحدة أو بين الدول على مستوى عالمي.

وبالنسبة لمؤشرات التغيير فإنها تتعدد حسب ما في المجتمع من محاور تغطي المجالات الاقتصادية والسياسية والتبادل التجاري بين الدول أو بين التحالفات الدولية كاتحاد الدول الأوروبية واتحاد أبيك ASIAN PACIFIC ECOMIC COOPERATION (APEC) الذي يضم تشيلي والاكوادور وبروناي والصين وكندا وماليزيا والمكسيك وتايلاند ، ومجموعة الدول السبع الصناعية THE GREAT SEVEN (G-7) التي تضم الولايات المتحدة وكندا وبريطانيا وفرنسا وألمانيا وأستراليا واليابان أو التحالفات العسكرية مثل حلف الناتو NORTH ATLANTIC TREATY ORGANIZATION (NATO)

الذي لم يبق منه إلا اسمه ، WARSO وحلف وارسو الذي يجمع دول أمريكا الشمالية NAFTA وتحالف نافتا الثلاث (كندا والمكسيك والولايات المتحدة). أما بالنسبة لاتجاهات التغيير فهناك أربعة محاور هي: التقدم الأحادي نحو المستقبل Unidirectional progress وهو التقدم الكلي ، للشعوب دون تحديد لمجالات التقدم أو التأخر لبعض المحاور الاجتماعية أو الاقتصادية أو السياسية أو التجارية أو الصحية والتقدم المتعدد الاتجاهات Multidirectional. الذي يمكن ملاحظته في تقدم عدة مجالات كالمجال الصحي والتربوي والتعليمي والاقتصادي والسياسي ، والتقدم المتكسر Broken Progress المتغير الاتجاه كلما استدعى التغيير ذلك عن طريق القوة أو الاختيار ويتمثل في القلاقل والنكسات التي تصاب بها الشعوب مما يستدعي القضاء على ما وصلت إليه الشعوب من تقدم على أمل إيجاد اتجاه جديد يبدأ من الصفر لبناء المستقبل وهو تقدم محفوف بالخطر لأنه يتطلب وقتا طويلا حتى يثبت فعاليته . وأخيرا الاتجاه الدائري Cyclical Progress الذي ينتهي عند نقطة معينة لا يستطيع المجتمع تجاوزها فينهار ويبدأ بالتقاط أنفاسه ليتقدم من نقطة جديدة .

وستتشابك هذه المحاور حتى لا يستطاع تمييزها بسهولة ، فمن أسباب التغيير إن حجم السكان وكثافة عددهم قياسا لرقعة الأرض التي يعيشون عليها أثر كبير في التغير الاجتماعي السريع ، وسيؤثر عدد المهاجرين بين البلدان على سياسات الدول بالنسبة للصادرات والواردات واستعمال المصادر الطبيعية . ونظرا لأن حاجات الشعوب الأساسية والخدمات التي يحتاجونها فإنها تستدعي سرعة في اتخاذ السياسات التي

من شأنها خدمتهم بفعالية وسرعة فضائية . وبناء عليه فإن زيادة عدد السكان في المدن (التي سيصل عالميا إلى 90% من سكان العالم) تستدعي التخطيط المستقبلي العلمي وتوفير الكفاءات الفعالة لتزويد الشعوب لهذه الحاجات والخدمات ومنها الخدمات الغذائية والخدمات الصحية والخدمات السياحية والبيئية .

وبناء على زيادة عدد السكان وكثافتهم يتعين على الدول حصر الكفاءات البشرية الموجودة حاليا في البلد والتخطيط العلمي لسد حاجة البلاد في المستقبل . وهذا ما يغطي المحور الثاني من أسباب التغيير الاجتماعي وهو المصادر الطبيعية والبشرية . أما المحور الثالث الذي سيؤثر في سرعة التغير الاجتماعي فهو التقدم التكنولوجي في عالم الاتصال . ونظرا لكثرة المخترعات الحديثة وصغر حجمها فإنها ستزيد من مهارة الشعوب في استعمالها والاستفادة منها ، كما سيؤدي ذلك إلى مخترعات جديدة لزيادة فاعلية الموجود منها أو لاستبداله ، ولن يكون إصلاحها مهما لأن ثمن تصليحها عند فشلها في العمل سيكلف أكثر من شراء المخترعات الجديدة . ففي مجال السيارات والحاسوب والوسائل السماعية والمرئية سيزيد تصنيعها بكلفة أقل لذا ستكون في متناول العامة كما هي الآن في متناول متوسطي الدخول . ومن المتوقع أن يؤثر ذلك على العلاقات الأسرية وعلاقات العمل وعلاقات السفر والسياحة.

وستمتزج مؤشرات التغير الاجتماعي الاقتصادية والسياسية والتجارية لدرجة أنها تتداخل فيما بينها ، ومن المؤشرات الاقتصادية فإن دخل الفرد سيزداد تباعا لزيادة الإنتاج أما المؤشرات السياسية فسيتجه العالم نحو ديمقراطية عملية أكثر مما قبل ، وأخيرا بالنسبة للمؤشرات التجارية والتبادل

التجاري فإن زيادة التبادل التجاري الدولي سيخضع لقوانين تدل على تفاهم أكثر بين الدول المصدرة للمواد الخام أو الصناعات الخفيفة والثقيلة ، والدول المستهلكة لهذه الصناعات . وتعم الفائدة الدول الفقيرة التي ستترتاح من عبء ديونها الخارجية .

-أما التغير الذي لم يأخذ حظه من الدراسات المستقبلية في اعتقادي - فهو التغير السلبي في البيئة الطبيعية وأقصد به التلوث الذي سيكون نتيجة لزيادة التصنيع وزيادة الأرباح التي تجنيها الشركات العالمية العابرة القارات والدول . وخاصة فتحة طبقة الأوزون التي تتسع كل يوم بمعدل مخيف . وزيادة تلوث الماء والهواء نظرا للتساهل في التخلص من النفايات التوكسية

الذرية وزيادة نسبة الكربون أكسايد في الهواء . وشح المياه في بعض المناطق . ولنا في العقل الإنساني إن استعمل بوسطية لا بد منها للتوصل إلى خير عام يصيب البشرية كلها من خلال احترام حقوق "هم" كما نحترم حقوق "نحن" على قدم المساواة من المعرفة والتفاهم والتفاوض حسب النظرية القمرية (نظرية سي) . سواء كان الفريقان دول غنية ودول فقيرة أو دول مصدرة أو دول مستوردة على المستوى العام . أو بين حاكم ومحكوم ، أو بين زوج وزوجة على المستوى الخاص .

****

54
أهداف الأمم التربوية
NATIONAL EDUCATIONAL GOALS

تقرر الأمم الحديثة والنامية مئات الأهداف يوميا من خلال مؤسساتها السياسية وآليتها الاقتصادية وبنيتها الاجتماعية في المجال التربوي والثقافي. وعادة ما تكون الأهداف في كل مكان وزمان هي المنزلة المرئية أو المتخيلة يضعها شخص معين أو مجموعة من الأشخاص ويتم التخطيط من قبلهم للوصول إليها ، كما تكون الأهداف عادة محدودة بزمان ومكان و مؤهلات . فأما المحدودية بزمان (فهي بدقيقة واحدة ، أو بساعة واحدة ، أو بيوم واحد ، أو بسنة واحدة ، أو مشروع تنمية محدود بثلاث سنوات أو خطة خمسية محددة بخمس سنوات أو أكثر) وأما محدودية المكان (فهي في وزارة ، أو في مكان إقامة لأسرة ، أو في مجرى نهر ، أو في مجال تربوي كمرحلة دراسية) ، وأما المحدودية بالمؤهلات (فهي المصادر والكفاءات البشرية والطبيعية المساعدة مع الزمان والمكان للوصول إلى الهدف أو الأهداف) . وعليه فإن هدفا مثل : حصولي على الشهادة الجامعية في أربع سنوات داخل أو خارج بلدي ، يعتبر هدفا مكملا لشروط الهدف . فالزمان قد حدد بأربع سنوات ، والمكان لم يكن مشكلة في الخارج أو الداخل ، والمؤهلات البشرية : كالتصميم والعمل الدائب والإصرار على الوصول إلى الهدف متوفرة . وهنا نستطيع القول ؛ إن الهدف تكاملت شروطه بتحديد الوقت وتحديد

المكان وتحديد المؤهلات . ويختل الهدف إذا زاد الوقت عن أربع سنوات ، أو حالت ظروف للوصول إلى المكان في الداخل أو الخارج ، أو أصيب المرء أو المرأة بظواهر جسمية أو نفسية عارضة منعته أو منعتها من التأهيل للوصول إلى الهدف . ونظرا لاختلال شروط الهدف فإن الهدف نفسه يختل ويهتز فلا يتحقق . أنظر إلى هذا المثل الآخر: أريد أن أبني برجا سكنيا في شارع زايد بمدينة دبي مثلا خلال ستة أشهر . فشروط الهدف مكتملة ، فالمكان محدد والزمان محدد والمصادر أو المؤهلات لن تشكل عقبة في الوصول إلى الهدف. وعليه فإن التخطيط للوصول لذلك الهدف يكون مكتملا إذا اكتملت شروطه . فالزمان محدد في ستة أشهر والمكان محدد في شارع زايد ، والمؤهلات (من مصادر مالية وفنية وهندسية وطبيعية) محددة . إذ لا يعقل أن يتم البناء بدون خبرة وكفاءة هندسية بشرية (تخطط للفكرة على الورق) وكفاءة تكنولوجية (خرائط ورافعات ومواد مصنعة ومدراء ومديرات وعمال ، وحاسوب وقياسات). ويبقى التقييم أو التقويم للإنتاج الذي هدف إليه وهو أيضا يقع تحت المؤهلات الكفاءات العليا والخبرات الفنية والمتخصصة ، التي تحكم على نجاح الهدف أو عدم نجاحه .

وكل مشروع مهما صغر أو كبر حجما أو كيفية ، فإنه يحتاج تخطيطا يحتوي على الشروط الرئيسية للهدف التي سبقت وهي عناصر الزمان والمكان والمؤهلات . فإنشاء جامعة جديدة ، أو استحضار عمال من الخارج ، أو تسويق سلعة عالمية ، أو بناء أجيال المستقبل ، أو حتى بناء جيش ، فإن الأهداف وإن اختلفت معانيها إلا أنها مقيدة بزمان ومكان ومؤهلات . ولعل المثال هنا يمكن أن يعطى لهدف نبيل تسعى

إليه كل أمة من الأمم ويسعى إليه كل شعب من الشعوب مهما كان تاريخه ، كالتربية في بناء الأجيال من بنين وبنات ليكونوا مواطنين صالحين ومواطنات صالحات ، وليعيشوا في سعادة غامرة في بلدهم ، ويتمتعون بخيرات بلدهم . وهو هدف تعكسه كل فلسفات التعليم في كل بلد . فالهدف واضح وله استمرارية زمنية وإن تحدد بجيل واحد مرئي حتى يصل إلى سن العمل في المجتمع كمدراء ومديرات أو خبيرات وخبراء أو مهندسين ومهندسات أو معلمات ومعلمين أو عضوات في الجيش والشرطة أو أعضاء ، أو عضوات في السلك الدبلوماسي أو أعضاء ، أو وزراء ووزيرات في الأجهزة التنفيذية للدولة ، أو في أجهزتها التشريعية والقانونية ، وكذلك بناء الأجيال المتعاقبة الذين يأتون بعدهم وهي غير مرئية الآن ، إلا أنها ستكون محور السياسات ومحط اهتمام السياسيين في كل مخطط لبناء الأمة أو الشعب على أسس سليمة ومتينة .

فهدف التربية يكون عادة محددا بزمان قصير أو طويل حسب الحاجة والعدد المشارك والطاقات من المؤهلات المطلوب تحضيرها من الكفاءات المواطنة والوافدة الموجودة حاليا في سوق العمل من المديرين والمديرات والمستشارين والمستشارات ، والمدرسين والمدرسات، أو التحضير لها من الأجيال القادمة من المواطنين لتسد حاجة ملحة في سوق العمل لبناء المستقبل وتنويع الدخل القومي واستقطاب الكفاءات لبناء الوطن من داخله وخارجه.

والدليل على نجاح أهداف التربية هو تحقيق قيمة المردود التعليمي على الوطن والمواطن. ونظرا لأنه لا يظهر ذلك عادة بين يوم وليلة ، ولا بين غمضة عين وانتباهتها كما يقال ، إلا أن أهداف التربية لا تتغير في مجملها لأنها تخطيط لما يتوقع

149

الوصول إليه من عزة وسؤدد لأفراد البلد المعين ليعيشوا سعداء مشاركين في بناء بلدهم الحديث مع الحفاظ على أصالة الأصل في العادات والتقاليد ومساهمين مستقبليين في رسم الأهداف المستقبلية التي يرونها قريبة منهم مع تطورات المجتمع الحديث وزيادة التنمية في عالم سريع التغير في مجالات الاتصال والتواصل الحضاري ومجالات التعامل مع البيئة الطبيعية والبشرية ، وفي ظل تقديرهم لخيرات بلادهم والمحافظة على مصادر هذه الخيرات والتمتع بها في عالم صحي هادىء معافى خال من الحروب والنكسات والنكبات والويلات بفضل التخطيط الصائب والفعال لمستقبل الشعب الزاهر وأجياله المتعاقبة ، ولن يتأتى ذلك في أي بلد إلا ببعد النظر في التخطيط المستقبلي بعناصره الثلاث الزمن والمكان والبشر المؤهل للقيادة والنجاح.

Email: hy2006us@yahoo.com

****

55

عناصر النقد الأدبي
PRINCIPLES OF LITERATURE CRITIQUE

يحتاج الناقد مهارة خاصة في تحديد عناصر الأدب عند نقد قطعة نثرية أو شعرية أو حتى لوحة زيتية ، وهذه العناصر حسب اعتقاد كثير من النقاد أربعة ، وهي : العاطفة والخيال والمعاني والأسلوب . فإذا خلا النقد الأدبي من أحد هذه العناصر اعتبر النقد جزئيا ولا يعتد به إلا في مجاله، وكثيرا من النقاد من يتعرض للعاطفة فقط في عمل أدبي سواء أكان ذلك العمل نثريا أم شعريا . ولا بد للناقد أن يكون واعيا لعنصرين يعكسان روح العصر الذي قيل فيه النص أو كتب ، وهما عنصر الزمان ، وعنصر المكان ، ويضاف إليهما ثقافة الأديب ونفسيته وغرض نصه . ونحن على علم بأن أغراض الشعر تختلف في عصر عن غيره من العصور ، كما تختلف الأغراض عند الأديب الواحد ، وإذا كان الشعر ما هو إلا انعكاس لنفسية الشاعر ، وأحاسيسه ، فإنه يكون أيضا انعكاس للحالة النفسية التي يمر فيها الشاعر فتصف حاله ، فهو مرة شاعر بالتحسر والأسى لفقد حبيب ، ومرة أخرى بالشوق والحنين للقاء حبيب ، ومرة ثالثة بالوصف الدقيق لما حوله من بيئة طبيعية أو بشرية ، ومرة رابعة بالمدح تكسبا أو عرفانا بالجميل ، ومرة خامسة بالعتاب وطلب الصفح ، ومرة سادسة بالغضب فيهجو بلسان سليط ، وهو أي الأديب يمزج عاطفته بالخيال في كل ما سبق . وتعتبر العاطفة أكثر الميزات ظهورا في الأدب . وتكون نسبية للموضوع التي يتناوله الأديب . أما الخيال فهو المحرك للعاطفة ، ولا تكون هناك عاطفة بدون

خيال أو تخيل . أما المعاني فهي أساس لكل أنواع الأدب ما عدا الموسيقى . وتظهر أهمية المعاني فيما تدل عليه ، خاصة في مواضيع الحكم والمواعظ والأمثال الشعبية ، ويكون للمعاني ودلالاتها أهمية خاصة في التعبير . وهي تزيد من الصورة جمالا أو قبحا حسب الغرض في النص ، أما الأسلوب وهو نظم الكلام وطرائق تأليفه فهو وسيلة للتعبير عن الآراء والأفكار وهو فن قائم بنفسه . وله عناصره ، ولا يكون للعناصر الأربعة قيمة إلا باجتماعها في النص الأدبي لأن عناصر الأدب تؤثر ببعضها البعض . فتزيدها رونقا وبهاء وحسن تعبير . وتنحصر العاطفة الأدبية في الشعر مثلا حسب النقاد العرب الأوائل في أربعة قواعد وهي :"الرغبة ، والرهبة ، والطرب ، والغضب " فمع الرغبة يكون المدح والشكر ، ومع الرهبة يكون الاعتذار والاستعطاف ، ومع الطرب يكون الشوق ورقة النسيب ، ومع الغضب يكون الهجاء والوعيد والعتاب . وهذ الوصف يراعي ما يشعر به الأديب لا ما يشعر به المستمتعون بالشعر . ولكن كيف تقاس العاطفة في قطعة أدبية أو عمل أدبي ؟ وعلى ماذا يعتمد النقاد في نقدهم؟ قيل إن الصحة والاعتدال أمران لازمان في العاطفة ، عاطفة الشعر أو عاطفة الأدب النابعتين من التشاؤم لا تكون عاطفة صحيحة . وإنما عاطفة مريضة ، والشعر الجيد هو الذي يثير العواطف بقدر ويبنيها بعمق . لأن المغالاة والكذب في العواطف يدمران الشعر والأدب . أنظر إلى شعر أبي الشمقمق حيث يصف حال نفسه ، فهو لا يملك شيئا في الحياة وجسمه اضمحل حتى لم يعد يظهر خياله على الأرض لشدة نحول جسده ونحافته، ويتمادى في الوصف حتى أن فقره يعطيه الحق في أن يأكل أولاده ، فيقول:

أنا في حال تعالى الله ربي أي حال

ليس لي شيء إذا قيل لمن ذا؟ قلت: ذا لي

ولقد أهزلت حتى محت الشمس خيالي

ولقد أفلست حتى حل لي أكل عيالي

وقال دعبل الخزاعي من شعراء القرن الثالث الهجري أن الفطيم يشيب :

لقد عجبت سلمى وذاك عجيب

رأت بي شيبا عجلته خطوب

وما شيبتني كبرة غير أنني

بدهر به رأس الفطيم يشيب

والأمر الثاني اللازم لقياس العاطفة هو <u>القوة والحيوية:</u> وهي تهيج العاطفة والمشاعر . وكلما زادت القوة في قطعة شعرية أو نص أدبي نثري وزادت حيويتها كانت القطعة قريبة من الكمال في الأدب . ومنه <u>الإيحاء</u> الذي يؤثر في العاطفة فيكون منها عاطفة حنان ، أو عاطفة جمال ، أو عاطفة إعجاب ، أو عاطفة اشمئزاز وكراهية ، ويختلف الناس في أذواقهم وطباعهم وأمزجتهم ، ونظرا لهذا الاختلاف لا يمكن أن يكون هناك مقياس واحد للعاطفة في الشعر والأدب، فمن النقاد من يعطي الصدق والاعتدال أهمية خاصة ، ومنهم من يركز على القوة والحيوية في النص الأدبي النثري أو الشعري .

ومما يزيد من قوة العاطفة عند الأديب طبيعته القوية في إثارة مشاعر الناس وصفتها حسن التعبير ودلالات المعاني وقوة الخيال . كما تعتمد قوة العاطفة على قوة الأسلوب وسلاسته وجمالياته ، فهي مدخل لإثارة العواطف ووضوح المعاني . وقد يعالج الأديب المعاني فيعبر عنها ويوصلها للناس ولكنه لا يستطيع نقل عاطفته ومشاعره إلا بقوة الأسلوب وسلاسته.

كما تقاس العاطفة بمدى استمرارها ودوامها وبقاء أثرها بين السامعين .

ولحسان بن ثابت شعر يهجو فيه بني عبد المدان لتفاخرهم بطول القامة عند أفراد عشيرتهم ، وإن كانت تلك الصفة مستحسنة في الخلقة ، إلا أنها إذا زادت عن اللزوم استدعت الهجاء والأمثال الشعبية التي تصفها ، ما زال البيت يستعمل حتى يومنا هذا ، يقول فيه:

لا بأس بالقوم من طول ومن عظم
جسم البغال وأحلام العصافير

ومن الأمثال الشعبية يقول الناس: "كل طويل لا يخلو من الهبل" ، أو "الطول طول نخلة والعقل عقل سخلة" ، ولم ينج قصر القامة أيضا من التندر والأمثال. والعنصر الرابع لقياس العاطفة هو خصوبة العواطف وتنويعها : ولا تعني شهرة الأديب أنه خصب العاطفة ، فهناك عوامل أخرى ، وتظهر هذه الخصوبة عند كتاب الروايات والدراما ، فما يكتبونه لا يعبر عما في نفوسهم ولا عما في عواطفهم الشخصية فحسب ، وإنما يعبر عن أشخاص يمثلون جوانب الحياة ونشاطاتها ، وهذا يحتاج إلى تنويع للعاطفة بالإضافة إلى غزارتها ويكون الأديب على اطلاع ومعرفة واسعة بطباع الناس واختلاف أمزجتهم ، وطرق حياتهم وتصرفاتهم . والأدب هو تفسير للنواحي الحياتية . ووصف مشاعر فئات متفاوتة في العمر والبيئة الاجتماعية والقدرة على معاركة الحياة ، فبدون هذا التعمق في بواطن الأمور وأغوار النفس البشرية لا تظهر حقيقتها ، فالأديب واسع المعرفة والخبرة والترحال ، كمن ذاق كل طعم وتعلق من كل شيء بسبب .

كما تقاس العاطفة في العمل الأدبي بنوعها ودرجة سموها أو انحطاطها: ويختلف النقاد في قياس هذه الصفة ، حيث إنه لكل منهم منظاره ، فإذا كانت العاطفة سامية ، فمن وجهة نظر من؟ وإن كانت وضيعة ، فمن وجهة نظر من ؟ وليس للأخلاق دخل في الحكم على العاطفة الأدبية ، وما نقصده هنا هو ما يمس جوانب الحياة ويساهم في ترقيتها ، فالشعر الذي يشكو الحياة ويصف آلامها ويتغنى بالحب وأفراحه أو يبكي من آلام الهجر والنأي ، ويتشاءم من فرص الوصول إلى المبتغى ، هو أدب أخلاقي من وجهة نظر قائله . وقد يختلف النقاد من وجهة نظرهم ، فالعواطف التي تتصل بحياة الناس وسلوكهم أرقى من العواطف التي تثير لذة الحواس . والأدب الراقي هو الأدب الذي يدفعنا إلى الحياة الراقية كما يصورها الأديب . وللأدب الراقي صفة أخلاقية تثير المشاعر الصحيحة وليس المشاعر الخادعة. وحسب هذا الكلام فليس الفن من أجل الفن يكتب ، وإنما يكتب ليحرك في الجمهور المشاعر الصحيحة ويؤدي هدفه الذي يرمي إليه .

وليس للأديب وظيفة سوى وصف جوانب الحياة الإنسانية وشرح تعقيداتها ، فهو يعرض الطبيعة الإنسانية بما فيها من خير أو شر مرة ، وبما فيها من شهوات حادة أو معتدلة ، مرة أخرى وهو لا يتقيد بقيود الأخلاق . فالأدب انطلاق من معاقل العبودية للأخلاق ، والقيم السائدة ، لأن المبتكرين يخرجون على الواقع المعاش ويعيشون في الخيال والمتوقع وهما صفتان لتغيير الواقع والرقي بالإحساس إلى مراتب عليا جديدة في نكهتها وشكلها وطعمها وجمالها.

<u>الخيال</u>: هو الأساس في بعث العاطفة وإثارتها لدى القراء والقارئات ، فوصف زلزال لا يوحي بالعاطفة ، وإنما تصوير مواقف يحاول الناس تخليص أنفسهم من مآزق الزلزال فيها عاطفة تشد الجمهور للتعاطف مع أشخاص الرواية . فوصف الناس وهم تحت الأنقاض ، أو وصف عمليات إنقاذهم من تحت الدمار تزرع العاطفة وتزيد المشاركة في الإحساس بها . وقد يؤدي التمادي في الخيال إلى الوهم ، والخروج من دائرة الواقع الإنساني وخبراته الحسية . و يكون التصور في النص الأدبي بربط شيئين واقعيين نراهما فرادى ولا نتصورهما معا ، أو ربط ثلاثة أشياء حقيقية في صورة خيالية ، كما كانت الآلهة الذين صورها الأدباء القدامى فنصفهم رأس رجل من بني آدم والنصف الآخر جسم حيوان له أجنحة يطير بها . ومنه تصوير أسنان الجميلات باللؤلؤ والمرجان ، والشفاه بالعناب والخدود بالتفاح ، والنهود بالرمان والزنود بقصب السكر . وهذا ما يطلق عليه بالخيال الخلاق الذي يؤلف بين مناظر مختلفة في صورة جديدة .

ويؤثر الخيال في العقل والعاطفة معا فيجعل الجمهور مرتبطا بما يقرأ ، فيربط بين الدوافع ونتائجها ، وبين الأسباب ومسبباتها . وللخيال الأدبي ارتباط كبير بالعاطفة ، وكلما كانت العاطفة قوية كلما احتاجت إلى خيال قوي يؤدي إليها ويصب في جداولها .

أما <u>العنصر الثالث من عناصر النقد الأدبي فهو عنصر المعاني</u>: وقيمتها في الأدب ليس لها حدود ، والغرض من إيراد المعاني هو جلب الحقائق أولا لا جلب المتعة واللذة ، فالمعاني تؤدي المعنى أولا وتخبر بالحقائق ، ومن صفات المعاني أن تكون: دقيقة ، غزيرة ، فياضة ، واضحة . لتسهيل

فهمها على الناس ، وعلى الأديب أن يكون ماهرا في معرفة ربط المعاني بالعاطفة والخيال حتى يؤثر في الجمهور القاريء أو السامع ، وإلا بقيت كتاباته سردية جامدة لا حياة فيها ، فمهمة الأديب ليست تعليم الحقائق وإنما الانتفاع بالحقائق المعروفة لتهييج عواطف الناس . وجعلهم يشعرون بها بشكل قوي جديد لم يكن معروفا من قبل . فالانفعالات النفسية من محبة وكراهية وغضب ، تحدث كل يوم ، ولكن أثر هذه الانفعالات على شخصية محددة في القصة أو الرواية يجعل منها صورة جديدة للشخصية يتعاطف معها الناس .

وآخر عناصر النقد الأدبي هو الأسلوب: وهو اختيار الكلمات وطريقة نظمها مع بعضها البعض لتعطي معنى مفهوما دون توعر أو ثقل يمنع انسياب الحروف والكلمات بأسلوب فريد سهل . فالسجع والمحسنات البديعية كانت أسلوبا استعمله الأدباء في فترة تاريخية معينة، والأسلوب يتبع روح العصر، فالأسلوب السهل الذي غلب على أدباء العصر الأندلسي في البيئة الطبيعية ببساتينها وأشجارها وأنهارها يختلف عن الأسلوب الجزل الجاف لأيام الصحراء ورمالها وحياة البداوة الصعبة القاسية فيها . والأسلوب الحماسي له ألفاظه ومعانيه، والأسلوب الوعر الألفاظ له خاصية يتميز بها . ونخلص في هذا المقال إلى أن ارتباط عناصر الأدب الأربعة العاطفة والخيال والمعاني والأسلوب ، وامتزاجها مع بعضها البعض في عمل أدبي يعد من الأسس النقدية لذلك العمل الأدبي ، وقد يطغى أحدها على الأسس الأخرى بالنسبة لموضوع الأدب كالشعر والنثر أو الرواية ، إلا أن الأعمال الأدبية الخالدة لا تخلو من تمازج هذه الأسس وتناغمها معا كمعزوفة موسيقية

تمتزج فيها آلات الناي والعود والقيثارة لتخرج للسامعين لحنا يؤثر في عواطفهم فيطربهم أو يحزنهم أو يبكيهم أو يجعلهم يتحسرون على ما مضى من عمر .

وفي الختام نقول إن موضوع الأدب هو الحياة الإنسانية ، وهو يشمل ما نفكر به وما نترجمه من أفعال وتصرفات ، وكل ما يفعله الإنسان أو يقوله أو يفكر فيه هو من مواضيع الأدب . ولا أدب بدون عاطفة . ولا عاطفة بدون خيال ، ولا خيال ولا عاطفة بدون معنى دلالي أو أسلوب شيق يربطها معا في بناء متكامل مترابط من الواقع والمتصور ، فالأدب الجامد هو علم بلا عاطفة، والفرق بين العالم والأديب هو أن العالم يلاحظ الظواهر من حوله ويستكشف قوانينها وعلاقتها بالأشياء الأخرى من حولها والظروف التي تكتنفها. بينما الأديب يلاحظ الأشياء من حيث علاقتها بعواطفه وطبيعته الأخلاقية فيقوم بوصفها بقالب خيالي وأسلوب عصري يوحي بالعاطفة فيرقى بالناس إلى ما هو أفضل حياة وما هو أرقى مشاعرا وما هو أزكى إحساسا .

56
أمريكا والعولمة والأخلاق
America, Globalization and Ethics

رغم كل ما يكتب في الصحافة أو يقال في نوادي الأحاديث الثقافية من الهجوم على العولمة وبالذات على أمريكا كرئيسة لما يسمى بالعولمة ، وتصور انحدار الأخلاق فيها ، فإن نظام التربية والتعليم في الولايات المتحدة يبقى من أفضل الأنظمة في العالم رغم السلبيات التي لا يخلو منها أي نظام ، وليس الهدف من هذا المقال الترويج لعمل دعاية لأمريكا ولا لمدارسها ولكن وجدت في نفسي رغبة شديدة في دراسة التحول الاجتماعي في الولايات المتحدة وتصور عصر جديد بالنسبة للأخلاق يأخذ مكان عصر المعلومات الجاف أو الخالي من العواطف ، هذا أولا ، أما ثانيا فإن هذا المقال يتعرض لوصف بعض الآليات التربوية المفيدة سواء في الإدارة أو في عملية التعليم والتعلم التي تمارس في مدارسها وتأتي أكلها لمنتسبيها من الطلاب والطالبات ، حيث إن التربية والتعليم من أكثر المتغيرات والأسباب الموجهة للتغيير الاجتماعي ، لعل في ذلك فائدة لأصحاب القرار و(المتورطين) في شؤون النظم التربوية والتعليمية العربية من مدراء المناطق ومدراء المدارس ومدرساتها ومدرسيها الذين تقع على أكتافهم مهمة رسم المستقبل اللامع للأجيال القادمة . فبعد أن قضيت ما يقرب من عشرين عاما في ولاية ميشيغان وهي الولاية المشهورة بصناعة السيارات (كرايسلر ودودج وفورد وغيرها) قبل تصديرها لجميع أنحاء العالم ، وهي الرائدة في

التربية والتعليم والشهيرة بجامعاتها مثل جامعة ميشيغان (تأسست سنة 1817) وجامعة ولاية ميشيغان (تأسست سنة 1855) وجامعة وين ستيت وإيسترن ميشيغان وسنترال ميشيغان وغيرها، ولا بد من بيان نقطتين هامتين إحداهما: أن فلسفة التربية والتعليم في أمريكا تنبع من المذهب الذي يؤكد على حب النفس وأنانيتها وبناء الشخصية الفردية لتعتمد على نفسها واتخاذ قراراتها وإبداعاتها على حساب الانتماء للمجموعة، بينما تقوم فلسفة النظم التربوية والتعليمية العربية (إن كانت توصف بالفلسفة التربوية) على ذوبان الشخصية الفردية في الأسرة وتوكيد انتمائها للمجموع (وهو عامل إيجابي في المجتمعات الشرقية)، فالفرد (الطالب أو الطالبة) لا يترك له أولها المجال ليكون معتمدا على نفسه أو على نفسها لتتخذ القرارات دون الرجوع إلى من هو أكبر منها سنا. أما النقطة الثانية فهي أن طرق التدريس في مدارس الولايات المتحدة متجددة دائما وتستفيد من المعرفة التي تنتجها الأبحاث حول التربية والتعليم والإدارة التربوية بينما العديد من النظم التربوية والتعليمية في عالمنا العربي ما زال يستعمل طرق التدريس التقليدية من اعتبار التلاميذ كأوعية للمعرفة دون تحليلها والاستفادة منها أو تطبيقها والاستفادة منها في الحياة العملية كالوظيفة والتعاون مع الغير لخدمة أهداف التعليم ومنها خلق المواطن الصالح كرب أسرة سعيد أو مدير ناجح. لذا نجد التلاميذ في معظم مدارس الولايات المتحدة تواقين للذهاب إلى المدرسة فلديهم ما سيقومون به من نشاطات يعرفونها مقدما ومنها تطبيق النظام وحب المساعدة واكتساب المهارات، فمثلا هذه طالبة عليها التدرب على عمل ضابط المرور صباحا، فهي تلبس لباس شرطي المرور وتساعد

زملائها على عبور الشارع المؤدي إلى المدرسة فتوقفهم حتى ينجلي مرور السيارات ثم تحمل يافطة وتقف في وسط الشارع وتأمر زميلاتها وزملائها بالمرور وهم يبتسمون حتى يصلوا إلى الجانب الآخر ، ونظرا لأنها ستنال جائزة من إدارة المدرسة بعد نجاحها في مهمتها فإنها ستشعر بالأسف إذا تأخرت عن موعدها الذي يكون عادة قبل دوام المدرسة بنصف ساعة ، ومثل آخر يقوم طالب أو طالبة بضبط سلوك الطلاب طيلة اليوم فيصدرون مخالفات للطلاب لأنهم تأخروا عن اللحاق بفصولهم بين الحصص أو تلكأوا في مشيتهم في الطرقات. بينما نجد التلاميذ في كثير من المدارس العربية يأتون إليها وهم يقدمون رجلا ويؤخرون أخرى ولا يبدو عليهم المرح ولا يتوقعون منها شيئا جديدا ، ونرى بعض التلاميذ يحاولون الهروب منها أحيانا . ولا يتدربون على شيء من شؤون الحياة العملية. ويقمع التلاميذ بالقول الجاف أو التأنيب إذا حاولوا استعمال عقولهم باقتراحات حول تحسين طرق التدريس أو انتقاد شيئ يخص المدرسة أو مديرها أو مدرسيها أو مناهجها. أما الشيء الآخر فإن مقارنة عدد الكورسات (المواد الدراسية) التي تعطى في المدارس الثانوية في الولايات المتحدة مثلا لا يقل عددها عن مائة مادة دراسية ، ويكون اختيار الطلاب لهذه المواد حسب رغباتهم ومنها تكوين النوادي الثقافية والرياضية كنادي السباحة وفريق كرة السلة وفريق كرة القدم ، ونادي لعبة الشطرنج ، ونادي الرسم ونادي الموسيقى ونادي السينما ومنها التكنولوجي الذي سيفيدهم في المستقبل في اختيارهم الدراسي في الجامعات مثل تصليح الآلات الموسيقية أو تصليح أجهزة الراديو والتلفزيون والسيارة والتدرب على استعمال الدائرة الكهربائية أو تعلم

الطبخ ودراسة النباتات أو الآثار ، أو التدرب على الإدارة في مؤسسات المجتمع القريب من المدرسة كإدارة المرور ودائرة البريد ودائرة الضريبة ومكاتب دوائر الانتخابات السياسية المحلية لمجلس المدينة أو المنطقة ، أو استغلال ذكائهم في الالتحاق بالجامعات التي بدأت باستقبالهم لدراسة مساقات تحسب لهم وهم في الثانوية ، وقد كان في فصولي الجامعية التي قمت بتدريسها عدد منهم حيث كانوا ينقلون من مدارسهم وتدفع المدرسة تكاليف دراستهم ، وكانوا من المبدعين كزملائهم في الجامعة ، عدا عن مساقات تمنحهم إجازة قيادة السيارة وهم في السادسة عشرة ، وإجازات الإنقاذ في التدريب المهني أو الإسعافات الأولية . وتعطي الفرص للمبدعين مهما كانت جنسياتهم وقد أسعدني ما سمعت مؤخرا من أن معدل أحد الطلبة العرب المسلمين في إحدى مدارس ميشيغان قد حاز على معدل 4.4 من 4 ، فالطالب قدم أكثر مما هو مطلوب منه وكان مثالا لكل الطلاب حيث عرضت عليه العديد من الجامعات الأمريكية أن يلتحق بها مجانا .

ولم تصل الولايات المتحدة إلى ما وصلت إليه في التربية والتعليم بسهولة وبدون تخطيط أو بدون أن تستفيد من الأبحاث حول النظم الدراسية والتوجيه والإدارة سواء إدارة المدرسة أو إدارة الفصل الدراسي . فمنذ أن قام جون ديوي John Dewey وزوجته في مدرستهما الخاصة بنقل نوعية الاهتمام من المدرس والكتاب إلى الطالب والطالبة ، ووجه التربية قد تغير في الولايات المتحدة ، ويعتبر جون ديوي رائد التربية الحديثة في الولايات المتحدة لأنه أكد على نقل الاهتمام بالمدرسين والمنهج الدراسي (التقليدي الكنسي) إلى الاهتمام بالدارسين من الطلاب والطالبات . فقد أضاف عددا من

المساقات التي تفيد الطلاب في حياتهم العملية وتكسبهم مهارات خاصة وتنوع خبراتهم ليكونوا فعالين في مجتمعهم . وفيما يلي نورد بعض جوانب التغيير في بعض ظواهر التربية والتعليم في الولايات المتحدة التي قد تؤذن ببدء عصر جديد يهتم بالإنسان كبشر والأخلاق كصفة مقدسة .

إنهم يغلقون المدارس في أمريكا

هل تصدقون ذلك ؟ نعم هذا صحيح ، ولكن قيل في أمثلة العرب : إذا عرف السبب بطل العجب . فبعد الطفرة السكانية التي حصلت في المجتمع الأمريكي بعد الحرب العالمية الثانية والحرب الكورية بازدياد عدد المواليد الذين يسمونهم بجيل البيبي بومرز baby boomers فتحت العديد من المدارس حتى تستوعب العدد الهائل من الأطفال في الستينات والسبعينات ، ولكن الحال تغير بعد ذلك فاتخذت العديد من الدوائر الانتخابية في مراكز المدن والضواحي قرارات بإغلاق بعض المدارس التي قل فيها عدد التلاميذ ، وقد أصاب ذلك القرار عددا كبيرا من المدارس في المدن المكتظة بالسكان مثل ديترويت وشيكاغو ونيويورك وممفيس وغيرها . وقد استغرب الكثير من المراقبين هذا العمل ، فكيف تغلق المدارس بهذه السهولة في الولايات المتحدة ؟ وكان الجواب سهلا ، ففي ميزان الربح والخسارة ، فإن عملية استمرار فتح المدرسة لاستقبال التلاميذ ستكون خاسرة لأنها تستتبع استمرار توظيف المدرسين مع اضمحلال عدد التلاميذ ، وحتى تكون العملية مربحة ، يحول المدرسون والمدرسات إلى مدارس أخرى وتغلق المدرسة من أجل الإعلان عن استئجارها واستغلالها ، وحتى بيعها إذا لم تكن عملية الاستئجار مربحة . وعند معرفة السبب بطل العجب . وفي بلادنا العربية يفتحون المدارس

الشركات التجارية تدير المدارس

إنهم يسلمون الشركات التجارية إدارة المدارس من أجل إنجاحها في عملها ، أما كيف كان ذلك فهذه هي الحكاية ، فبعد أن كثر الكلام حول فاعلية المدارس ودارت الأحاديث حول مغادرة الطلاب للمدارس قبل التخرج بأعداد كبيرة قبل الانتهاء من الثانوية ، فكر السياسيون ومعهم أعضاء كثير من المجالس الشعبية في المناطق المكتظة بالسكان بالاستعانة بشركات مقاولة تأخذ على عاتقها إدارة المدرسة من أجل الإبداع والابتكار وتنويع التعليم في المدارس بأسلوب ترويحي يجعل التلاميذ يرتبطون بمدارسهم ولا يغادروها قبل التخرج .

وقد بدأ الحال في بداية الأمر باستغلال بعض الأفكار لمساهمة الشركات الكبرى في تكاليف توفير آلاف أجهزة الكمبيوتر للمدارس وتقديم أفضل الوسائل التعليمية باستخدام وسائل عصر المعلومات وذلك عن طريق عرض بعض الإعلانات في البرامج المقدمة في المدارس ، وقد بدأت بالفعل شركات آي بي أم ومايكروسوفت وبيبسي كولا وكوكا كولا بالمساهمة في تكاليف ميزانيات عدد كبير من المدارس رغم الاختلاف الكبير بين أولياء الأمور حول الأمر ، ولكن المساهمة التي تقدمها الشركات تفيد المدرسة في زيادة عدد الكمبيوترات والوسائل المعينة الاخرى وزيادة النشاطات الرياضية وتوفير أفضل المدرسين والمدرسات من ذوي الخبرة والتخصص وزيادة الرحلات العلمية . فالعملية كلها تقع في ميزان الربح والخسارة ، والربح هنا للمدرسة حيث لا تعود تعتذر عنتوظيف المؤهلين للتعليم ، والربح يكون للتلاميذ حيث يقل عدد المنفصلين عن التعليم وينعم الجميع بما تغدقه الشركات من معونات للمدارس ، وكذلك يكون الربح للمجتمع حيث يفتح

التخرج من الثانوية آفاقا جديدة لإكمال عدد كبير منهمدراسته الجامعية .

فصل الذكور عن الإناث في المدارس الأمريكية صدق أو لا تصدق ، فهناك ظاهرة غريبة نوعا ما عن المجتمع الغربي تتزايد مع الأيام وتستحق النظر والتمحيص، وأقصد بها ظاهرة الفصل بين الجنسين في المدارس . فبعد أن زاد العنف في بعض المدارس الأمريكية وقلت الأخلاق وزاد الفسق بين طلابها وطالباتها ، بدأ عدد المدارس التي تفصل بين الجنسين في مدارس الولايات المتحدة يتزايد بناء على طلبات ملحة من أولياء الأمور ، وهذه الظاهرة تستدعي الانتباه والموعظة . فالغرب أحيانا كثيرة كان يتخذ هذه الظاهرة كعنوان للتأخر في البلاد النامية وخاصة البلاد الإسلامية ، ويتساءل البعض : ما الحاصل في هذا الأمر ؟ ولماذا يصر بعض أولياء الأمور على تنفيذ الفصل بين الجنسين في المدارس؟ وهل هناك اتجاه للاعتراف بفضل الإسلام وأخلاقه وتطبيقاته في بعض الدول العربية والإسلامية؟ وبمعنى آخر هل يتجه الغرب نحو الإسلام دون أن يدري ؟ وهل أصبحت الفضائل التي نادى بها أفلاطون هدفا للتربية في الولايات المتحدة ؟ فقد نادى أفلاطون (427- 347 ق.م) قبل خمس وعشرين قرنا بأن "الجهل الأكثر ايذاء للدولة والأفراد ليس الجهل في حقل التكنولوجيا أو في حقول التخصص ولكن الجهل هو الجهل الروحي. وما التعليم الا تدريب للروح والقيم والأخلاق. والمعرفة ليس من أجلها وإنما من أجل استعمالها في الحياة اليومية. وليست المعرفة معلومات بل حكمة فالمعرفة هي الفضيلة والجهل عكسها. ونعطي أمثلة لما نقول فما زالت بعض المدارس تفصل بين الجنسين

ورفضت رفضا قاطعا مجرد التفكير في عكس ذلك . وهي ظاهرة تؤيد الفلسفة الأفلاطونية ، وقد تظاهرت الطالبات في إحدى المدارس ضد قرار إدارة المدرسة بفتح أبواب المدرسة للطلاب الذكور . وقدمت عرائض للإدارة بدعم من أولياء الأمور حتى رضخت إدارة المدرسة لرغبات الطالبات واستمرت بعدم قبول الطلاب الذكور. وهناك ظاهرة تعتبر ترجمة لذلك التوجه وهي ظاهرة تغيير النظرة الأمريكية إلى عذرية المراهقات من المراهقات أنفسهن.

لم تعد العذرية وصمة عار في أمريكا بعد فترة الانحلال الجنسي الذي جاءت به السبعينات كانت العذرية عند الفتيات المراهقات مقياس الحضارة والتقدم والانفتاح والحداثة ، وكانت معظم الفتيات يشعرن بالحرج والانطواء واليأس في المدارس الأمريكية إذا كن عذراوات ، وقد تغيرت الصورة اليوم ، فلم يعد الحفاظ على العذرية وصمة عار بين الطالبات المراهقات ، بل أصبحت ظاهرة يشجعها الآباء والمربون ورجال الدين وتدعو إلى الشعور بالعزة واحترام الجسد والكرامة الإنسانية بين المراهقات ، ولم تتغير تلك النظرة الإيجابية نحو العذرية إلا بعد عام 1984 خاصة بعد اكتشاف أمراض الأيدز (HIV) والأمراض الجنسية الأخرى وازدياد اللقطاء بين المراهقات وارتفاع نسبة الانتحار بينهم ، وزيادة الحملة الإعلامية ضد الانحلال الخلقي بين الشباب والشابات . ومن أسباب تلك الظاهرة أيضا وهي تغيير النظرة نحو العذرية وتقديسها قيام العديد من الأبحاث العلمية التي تعرضت للظاهرة من أجل تحسين وضع المراهقات كجزء من تحسين وضع المرأة بشكل عام في الولايات المتحدة .

كلمة أخيرة

هل يتجه الشعب الأمريكي وشعوب العالم معه نحو عصر جديد يعطي الأخلاق والعواطف الإنسانية الأولوية مع بداية الألفية الثالثة ؟ وهل يدخل العالم معها كرئيسة للعولمة عصرا جديد لا يتصف بمميزات عصر المعلومات الجاف عاطفيا ولا يتصف بمميزات العصر الصناعي المادي الذي يعتمد على البقاء للأصلح ؟ وما مميزات هذا العصر الجديد الذي بدأت ملامحه تصرخ عاليا بالعودة إلى الإنسان والأخلاق كمحور للسعادة وليس الآلة الصماء . فهل عاد أفلاطون من جديد في الولايات المتحدة والعالم من حولها ؟ ربما !

Email: hy2006us@yahoo.com

****

57

كتب حسن يحيى – ولاية ميشيغان

رفقا بالأطفال

Taking Care of Kids

هناك تسابق بين الحضارات حول الكمية والنوعية ، وكلما كانت الحضارة تهتم بالنوعية كانت مقبولة أكثر من الحضارة التي تهتم بالكمية ، وتسري هذه الفرضية على التربية التابعة لتلك الحضارة ، فإذا كانت التربية في حضارة ما تهتم بالكمية أكثر من النوعية فإنها في مشكلة حضارية لا تخرج منها حتى تغير موازينها . وعلى ذكر الموازين ، فقد قمت بزيارة صديقي في إحدى الدول العربية وعنده طفاة في الثامنة من عمرها ، وهي في الفصل الثالث ، فاسترعى انتباهي حجم الحقيبة التي تحملها وما فيها من الكتب وهي عائدة من المدرسة ، فالحقيبة ينوء بحملها ابن الخامسة عشرة من العمر ، فقلت لها كيف نستطيع وزن الكتب ؟ قالت: نضع الكتب في الميزان ونزنها فنعرف وزنها . قلت : هناك طرق أخرى فما رأيك؟ قالت: نعم هناك طريقة أخرى وهي أن نضع الكتب في الحقيبة ونزن الحقيبة فنعرف وزنها . قلت لها حاولي وزنها فجاءت بميزان من الغرفة المجاورة ووضعت عليها الحقيبة ولكنها لم تستطع رؤية الميزان لحجم الحقيبة التي غطت الأرقام . قلت لها : هناك طريقة أسهل ، فهل عندك طرق أخرى لقياس وزن الحقيبة وما فيها من الكتب ؟ نظرت إلي نظرة الواثقة المتمكنة من نفسها، وهنا تدخل أخو البنت وهو يكبرها بسنين فقال: أوزني نفسك أولا ، قامت وكأن الفكرة فكرتها بوزن نفسها أولا بدون الحقيبة ، فكان وزنها 21

كيلوغراما ، ثم قامت فوزنت نفسها وهي تحمل الحقيبة ، فكان الناتج 27 كيلوغراما ، وبعملية بسيطة قلنا لها ماوزن الكتب التي تحتويها الحقيبة؟ فأخذت السؤال بجدية فقامت وجاءت بورقة وقلم ، ورتبت الرقمين عاموديا ووضعت علامة الناقص وبدأت بعملية الطرح وقد اشتركت فيها الأصابع أيضا ، وكان الجواب 6 كيلوغرامات ، قلت لها: أهذا وزنك أم وزن الكتب؟ قالت وهي تبتسم وتؤكد ذكاءها تنتعش بثقتها بنفسها: طبعا الستة كيلوغرامات هي وزن الكتب. فقلت لها : وهل تحملين هذه الحقيبة كل يوم من أيام الأسبوع ؟ قالت وكأنها تريد أن تزيد من معلوماتي المتواضعة عن التربية والتعليم : نعم ، ثم قامت بتبرير إجابتها تلك بأن أضافت: لا نستطيع الدراسة بدون الكتب كما تعلم . وبعملية حساب بسيطة وجدت أن الطفلة المسكينة تحمل حوالي22،8 في المائة من وزنها كل يوم ، وبحسبة بسيطة خلال العام الواحد فإنها تحمل الحقيبة مرتين كل يوم لمدة تزيد على مائتي يوم فيكون مجموع ما حملته الطفلة وهي في الثامنة من العمر ستة كيلوغرامات مضروبة بمرتين ثم ضرب الحاصل ب 200 يوم ، فإن المجموع وبكل بساطة يزيد على 2400 كيلو غراما، وهنا أتساءل: هل التعليم حمل أثقال ؟ أم متعة لتلقي المعرفة ؟ هل التعليم باكمية أم بالنوعية؟ هذا ما كان حال التعليم في بلد الطفلة ، أما التعليم في الدول الأخرى المتقدمة مثل أوروبا وأمريكا وكندا فيختلف وتبقى الكتب في خزانة خاصة للطالب في المدرسة ، يأخذ منها ما يشاء لكل حصة . وكان تعليقي البسيط على تلك الظاهرة : رفقا بالأطفال حاملي الأثقال ، فمهما اختلفت طرق التدريس فلا يجب أن نختلف في أن الأطفال سيعيشون في عصر غير عصرنا ، وزمانا غير

زماننا وبما أن لكل زمن همومه ، فالعلم لا يوزن بالباذنجان (على رأي عادل إمام) أي بالكمية ، وإنما يوزن بالكيفية ، ومن هذا النوع تعويد الأطفال على اتخاذ القرارات الصائبة والتفكير النقدي والنقد المبدع والاهتمام بالجوهر لا بالمظهر ، وتلك لعمري من أسس النهضة الحديثة في كل مجتمع يريد أن يسود في الألفية الثالثة .

****

58

كتب حسن يحيى – ولاية ميشيغان
السعادة بمقياسين
Double Standards Happiness

السعادة كلمة جميلة ولكنها كلمة نسبية ، فتراتها قصيرة ولكنها متكررة ، وهي محدودة غير دائمة ، ويمر الفرد بالسعادة في حياته مرات ومرات ، وقد ترحل عن الأفراد بلا عودة . السعادة تتنافى مع العقل ، فالغبي هو السعيد دوما ، فكل غبي سعيد ، أما أصحاب العقول النيرة فبينهم وبين السعادة حواجز تعلو أو تقصر حسب عقولهم ، والغباء ينتفي مع السعادة الحقيقية التي يشعر بها العقلاء ، والناس يفضلون أن يتهنوا بالعقل ولا يحبون أن يتهموا بالغباء ، فاسعادة شعور نفسي يظهر من خلال الشفاه الباسمة من بني البشر .... هل سمعت يوما شخصا يضحك بملء فيه أي بقوة وبصوت عال مؤخرا؟ نحن نعلم أن الحديث بين الأقران والأصدقاء تتخلله ضحكات وقفشات تتناوب في الظهور خاصة عند الشباب فهم يضحكون بمتعة فائقة وكأن الحياة خلت من المنغصات السياسية والاجتماعية ، والشباب حين يلتقي أمثالهم يشعرون بسعادة اللقاء ، فمهما كان موضوع الحديث تافها إلا أنه يجلب الضحكات والبسمات .

عكس السعادة هو التعاسة ، وهي الخلو من الآلام لفترة محدودة أو فترات متكررة دائمة ، أو محدودة ، هي محصلة الحياة الانفعالية بين الناس ، فإذا زادت الآلام وقلت اللذات قلت معها السعادة ، وكذا الحال كلما زادت الأفراح على الأتراح

171

كلما زادت السعادة ودامت مع دوام الأفراح ، وهناك آلام مادية جسدية وأخرى معنوية ، وقد ينجو الفرد من الآلام الجسدية مع الزمن ، وقلما ينجو الفرد من الآلام النفسية أو المعنوية ، أعرف أشخاصا لا يعرفون السعادة بعد أن فقدوا حبيبا أو صديقا . وأعرف أشخاصا حاولوا التخلص من الشعور بالأسى والآلام التي تتراكم بفقد غال عليهم فكانت سعادتهم نسبية وقتية ومحدودة . ورجائي لكل إنسان رجل أم امرأة أن تتغلب اللذات في حياتهم كالنجاح وتحقيق الأهداف والحب على الآلام كفقد الحبيب أو الفشل في الحب والحياة حتى يعيشوا بسعادة دائمة ، ولكن الحال الواحد لا يدوم ، والتغير صفة من صفات الإنسان في العقل والجسد والتعامل مع الناس والخبرات ودرجات السعادة . فكيف تكون السعادة في الغرب مقارنة بالسعادة في الشرق؟

يبحث الغربيون عن السعادة من خلال الحركة والتفاعل وتقليل الآلام وزيادة اللذات ، فهم لا يكتفون بقليل اللذات وإنما يسعون إلى منتهاها ، ويبذلون الجهود للحصول عليها ، ويحاولون تقليل الآلام مدة ونوعية ، ففي كثرة المشقة والتعب من أجل اللذة عندهم سعادة زائدة ، وكلما زادت المشقة زادت السعادة مثل صعود الجبال ، والتزلج والمسابقات العنيفة ، وكلها تحتاج حركة وتموجا ، أما الشرقيون فيميلون إلى الدعة والاستقرار وتقليل الآلام بتقليل الحركة والتفاعل ، فهم إذا خرجوا للتنزه مثلا فإنهم يبحثون عن منطقة جميلة هادئة تظللها الأشجار ويأخذون معهم القهوة والأرجيلة والأبسطة للجلوس أو التمدد عليها ، وتلك هي اللذة عندهم . فإذا رأو طفلا يسرع أو يحاول تسلق شجرة ليتفاعل مع بيئته تراهم ينهرونه خوفا عليه من الوقوع أو إيذاء نفسه ، فالنزهة عند المشرقيين جلوس وأكل

وشرب واستلقاء وسكون واستمتاع ، أما عند الغربيين فالنزهة جد ونشاط وحركة ولعب وركض وقفز وقنص وإنشاد ورقص. وشتان ما بينهما في اقتناص اللذات والحصول على السعادة . وعند الشرقيين يعتبر الخروج عن العادات والتقاليد نوع من سوء الأدب وقلة الحياء والغباء والوقاحة بالخروج عن طاعة الآباء ، لذا فهم يستعملون وسائل الترهيب لضبط السلوك عند أطفالهم ، أما عند الغربيين فالخروج عن التراث والتقاليد يعتبر ابتكارا وإبداعا وذكاء وهم يشجعون أطفالهم عليه ويمدحونهم ويحثوهم على التجديد الدائم .

****

لقاء صحفي

مع المفكر وعالم الاجتماع العربي الأمريكي
الدكتور حسن عبد القادر يحيى *

INTERVIEW WITH DR. HASAN YAHYA

س. ما هي حصيلة مشوارك الإبداعي ؟
ج. حصلت على ما يمكن أن يقال عنه بأنه أعلى الشهادات في سلم التحصيل العلمي وهي شهادة الدكتوراة العالمية. وعادة تأتي الدكتوراة بعد الماجستير والبكالوريوس والمدرسة بمراحلها الثلاث الثانوية والإعدادية والابتدائية . على مستوى الإبداع الأسري فلي ثلاثة أبناء وبنت واحدة .

س. ما هي أعمالك التي تعتز بها ، في مجال التدريس أو الكتابة الإبداعية ؟
ج. الأعمال كالأبناء كلها عزيزة على النفس ، وإن كنت أفضل النظرية التي توصلت إليها خلال أبحاثي عن التعايش السلمي في الأسرة والمجتمع ، وهي النظرية الهلالية نظرية سي أو جيم التي تحولت إلى علم جديد تحت عنوان الهلالية (Crescentology) وهي فكرة جديدة وقد تم تطبيقها في المجالات التربوية عند الشعوب ومن المتوقع أن يقود تطبيق النظرية البشرية إلى تعايش دائم وتفاهم معرفي خال من المشاكل فيما بينهم . والنظرية تتطلع إلى عالم قريب الشبه

بفكرة المدينة الفاضلة للفارابي وفكرة الجمهورية لأفلاطون ، وفكرة أتلانتس الجديدة لبيكون ومدينة الشمس لكامبانيلا ، ولكن الفرق بين عالم النظرية الهلالية وبين غيرها أنها ممكنة التطبيق في الواقع .

س. ماذا تعني بأنها ممكنة التطبيق ؟

ج. أعني أن الأعمال الأخرى التي ذكرتها كانت خيالية مثالية في خيال كتابها ، أما النظرية الهلالية فإنها ستساهم في فض الخلافات بين الناس عند تغيير مناهج التدريس شكلا ومحتوى ، مثلا ستقلل من الطلاق في المجتمعات ، وستقلل المنازعات والانحرافات الاجتماعية كما أنها ستكون مبنية على فرضيات التفاهم واحترام الرأي الآخر من خلال المعرفة الصحيحة المتبادلة بين الناس التي ستؤدي إلى تقدير الآخرين ومن ثم قبولهم باختلاف أذواقهم وأفكارهم ، فلا فرق بين عربي وأعجمي إلا بالتقوى ، والله خلق الخلق وهم مختلفون ليتعارفوا ويعيشوا حياتهم القصيرة فيها بسلام وعمل جدي . كما أن النظرية تعتمد على عدم التعصب للجنس أو العرق أو الأصل أو التراث أو الدين . والنظرية تبقى نظرية ما لم يتم تطبيقها والسير بموجب فرضياتها وتغيير ما في النفوس حتى يغير الله ما بالأقوام من كراهية وتعصب وبغضاء .

س. د. حسن ! أنت تعلم أن الإنسان لا يخلو من المتاعب إذا أراد الوصول إلى القمة في الإبداع ، فهل هناك من صعوبات اعترضت طريقك أو واجهتك في مشوارك الإبداعي ؟

ج. أوافقك الرأي ، فالإبداع لا يأتي من فراغ كما أنه لا يأتي على صحن من ذهب ، ولكنه يحتاج إلى عمل مستمر ومعاناة

من أجل تحقيق الأهداف ، وأصدقك القول بأن زيادة المشاكل في حياة الإنسان تجعله خبيرا في حلها . فإذا كانت الأهداف محددة فإن العمل على حلها والحاجة إلى التخلص منها تدفع الإنسان إلى الإبداع ، وقديما قالوا: إن الحاجة هي أم الاختراع . وفي حياتي الكثير من المصاعب والمشاكل التي اعترضت سبيلي ولكن الهدف لم يغب عن ناظري مهما كانت الصعوبات . وفلسفتي في الحياة أنه لا توجد مشكلة إلا ولها أكثر من حل واحد . وعادة ما يكون التذرع بالصبر أحدها ، فالصبر يحل مشاكل كثيرة ، فلو صبر الزوج على زوجته لما طلقها ، ولو صبرت الزوجة على الزوج قبل أن تسأله أين قضى يومه ، لقال لها الزوج ذلك بعد دقيقة . فالصبر بحد ذاته حل لكثير من المشاكل الأسرية والاجتماعية .

س. هل ترى تعارضا بين عملك وبين حياتك الزوجية ؟
ج. لا بالطبع ، فكلا من العمل والحياة الزوجية له نكهته وله واجباته ، وله مسئولياته ، ولا تعارض بينهما إذا أحسن التخطيط لهما ، بحيث لا يطغى أحدهما على الآخر . وكانت زوجتي عونا لي في دراستي وفي عملي ، وهي تقدر عملي وتناقشني فيه وكثيرا ما نتحدث في أمور المنزل أو أمور العمل ، ولا أرى غضاضة في تبادل الأفكار بين الزوج والزوجة ، أو بين الزوجة والأبناء .

س. ما موقف أبنائك حين يرون ما حققته من إبداعات في الكتابة والتأليف ؟ أي هل كنت لهم نموذجا للتحصيل العلمي مثلا؟

ج. هناك ما يسمى في علم الاجتماع "الاختلاف بين الأجيال" وفي حالتي كان والدي أميين تعلما القراءة والكتابة من خلال ما حفظا من القرآن الكريم . وبالنسبة لي فقد حصلت على أعلى درجات العلم ، أما بالنسبة لأولادي فقد كان الحال مختلفا إذ لم يحاول أحد منهم أن يحصل على الدكتوراة مثلا . ولكنهم يشعرون بالفخر والاعتزاز بما حصلته وهم يعتبرون نجاحي نجاحا لهم . فهم يعاملونني كصديق ولا ينسون احترامي كأب .

س. كما نعلم تمر الكتابة عادة بمراحل فهل هناك شروط تراها للكتابة الإبداعية ؟
الإبداع يحتاج تفاعلا مع قضية اجتماعية أو سياسية أو اقتصادية ، كما يحتاج إلى معلومات تتصل بالموضوع مما يستدعي البحث والتقصي ، بالإضافة إلى توخي الصدق في نقل المعلومات ، وذلك يستدعي وقتا ، والإبداع يحتاج وقتا وتخطيطا لتحقيقه . والكتابة تحتاج جلدا وصبرا ومثابرة وكلها صفات إتقانها ينمو مع الأيام .

س. د. حسن ! ما أهم إبداعاتك ونشاطاتك الكتابية ؟
اهتمامي ينصب في قضايا الإنسان في كل مكان وخاصة في العالمين العربي والإسلامي ، ومركز الإنسان العربي في الحضارة العالمية وتداخلاته مع الحضارة العالمية والعولمة ، لذا فإن مقالاتي وكتاباتي عادة ما تكون حول العولمة والثقافة والأخلاق والتراث والتربية والإدارة والحضارات ، وآثار ذلك على الإنسان العربي والمرأة العربية وسلوكهما وأدوارهما المتغيرة في المجتمع الحديث .

س. كيف تستطيع الموازنة بين عملك الرسمي كأستاذ في الجامعة وبين نشاطاتك الأخرى مثل كتابة المقالات والظهور في المحاضرات أو المقابلات التلفزيونية؟

ج. التخطيط ثم التخطيط ثم التخطيط، والتقيد بالنظام الذي أرسمه. فلكل نشاط متسع في برنامجي، وكل شيء يسير على ما يرام. وأستطيع القول أن لكل شيء نظام يجب أن يحترم.

س. هل تعتقد أن الإبداع موهبة تولد مع الإنسان أم تكتسب من خلال البيئة الاجتماعية والخبرة العملية؟

ج. أعتقد أن الفطرة تتكامل مع الخبرة العملية من خلال بيئة الفرد الاجتماعية. لذا أعتقد بل أؤيد أن لكل جانب نصيب ولكني لا أعرف بالضبط مدى تأثير كل منهما على الإنسان، وإن كنت أعتقد أن تأثير التجربة الإنسانية بعد الولادة أكبر من التأثير البيولوجي على السلوك الإنساني.

س. ما أحب الألوان إليك؟ ولماذا؟

ج. في الحقيقة أحب أكثر من لون، فأنا أحب اللون الأزرق لأنه لون السماء التي لا حدود لها وانعكاسها على البحر الواسع. وأحب اللون الأخضر لأنه يدل على الحياة المتجددة والعطاء الوافر والخير للبشر. وأحب اللون الأسود لأنه يدل على الهدوء والحزن والليل والموت.

س. هل من نصيحة تقولها لأفراد الأسرة في المجتمع العربي بخصوص الإبداع والتفكير الإبداعي؟

التواصل والحديث بين أفراد الأسرة من أهم القنوات التي توثق عرى المحبة بينهم فليحرصوا عليها . وعلى الآباء والأمهات أن يجدوا الوقت الكافي للإصغاء لأبنائهم وبناتهم ، وأن يتواصلوا معهم وأن يفهموا التغيرات العصرية التي يجهلها الوالدين ولا يهتمون بها وتكون ذات اهتمام عند الأبناء والبنات من الأجيال الجديدة . وأن يحملوهم المسئولية ويساعدوهم على اتخاذ القرارات التي تهم حياتهم بحرية ودون قهر ودكتاتورية . وعليهم عدم الركون إلى الإشاعات والتأكد من صحة المعلومات قبل أن يحكموا على تصرفات وسلوكيات الأبناء والبنات .

بالنسبة للأبناء والبنات أقول: ليس كل ما يلمع ذهبا ، فليستعملوا عقولهم أكثر من عواطفهم .

وليعلموا أن والديهم يكنون لهم حبا كبيرا وإن لم يظهروا ، وللأمهات أقول: تعلمي من ابنتك أو ابنك ، مهما كانت أفكارهم سخيفة من وجهة نظرك ، وناقشيهم فيما يقولون دون أن تفرضي رأيك عليهم . وللآباء أقول: اقتطعوا وقتا لقضائه مع الأسرة والأبناء والبنات فالعمل لا ينتهي ، وكونوا مصغين جيدين لما يقوله الأبناء فمن أفكارهم نتعلم كيف نعاملهم . وكن صديقا لأبنائك .

س. هل هناك بيت شعر أو مقولة تؤمن بها وتدفعك للإبداع ؟

ج. أما بيت الشعر فهو الحقيقة التاريخية التي تتعاقب سواء كنا سعداء أو أشقياء وهو : ثلاثة أيام هي الدهر كله وما هن إلا الأمس واليوم والغد ، وقول المتنبي وما من شدة إلا سيأتي من بعد شدتها رخاء ، وأما المقولة فهي عن النبي صلى الله عليه وسلم : اطلبوا العلم ولو في الصين .

س. إذا خيرت بالعيش في جزيرة معزولة فماذا تحب أن تأخذ معك من الكتب؟ سم كتابا أو كتابين .

ج. القرآن الكريم أفضل رفيق ، فهو خير رفيق لكل عاقل . فإذا خيرت بكتاب آخر فهو كتاب مقدمة ابن خلدون في التاريخ أو كتاب حي بن يقظان لابن طفيل . فالكتاب الأول يبني الأخلاق وكل من الثاني والثالث يبني التأمل في خلق الله من الأمم والبشر . واليوم نظرا لما يحتويه الكمبيوتر من معلومات حول الكتب الثلاثة . لذا فإني سأختار الكمبيوتر لبناء العلاقات والتواصل مع البشر عن طريق الإيميل

س. ما انطباعاتك عن المرأة القطرية؟

ج. المرأة القطرية ذكية ولها عزيمة الرجال في سعيها الحثيث لتحقيق الهدف . وأكثر ما شد انتباهي وما أعجبني في الحقيقة هو تصميم المرأة القطرية على النجاح والإبداع فيما تسعى إليه . فهي مؤدبة وخلوقة ودؤوبة على العمل لتحقيق ما تصبو إليه . وتهتم بالتراث وتعتز به وتحترم الآخرين .

س. ما أثر الكمبيوتر وعصر المعلومات على الأسرة حسب رأيك؟

ج. أعتقد أن له آثارا كثيرة ، ولكن الآثار الإيجابية ستكون أكثر من الآثار السلبية ، حيث سيفتح الكمبيوتر آفاقا جديدة لأفراد الأسرة لتبادل المعلومات والتواصل فيما بينهم . وأعتقد أن الأباء سيقضون وقتا أكثر مع أفراد الأسرة خاصة وأنهم سيتمكنون من التواصل مع الآخرين عبر الكمبيوتر والإنترنت ، وهذا عامل إيجابي لزيادة التفاهم بين أفراد الأسرة .

Email: hy2006us@yahoo.com

المصادر

ابراهيم أبو لغد ولويس كامل مليكة، <u>البحث الاجتماعي</u>، دار المعارف، القاهرة، 1959.

أحمد بدر، <u>صوت الشعب: دور الرأي العام في السياسة العامة</u>، وكالة المطبوعات، الكويت، 1972.

------- <u>أصول البحث العلمي ومناهجه</u>، ط 5، وكالة المطبوعات، الكويت، 1979.

أحمد شلبي، <u>كيف تكتب بحثا أو رسالة</u>، ط 6، مكتبة النهضة المصرية، القاهرة، 1968.

<u>مقدمة ابن خلدون</u>، تحقيق علي عبدالواحد وافي، عدة أجزاء.

أحمد الخشاب، <u>التفكير الاجتماعي</u>، دار النهضة العربية، القاهرة، 1981

أحمد خضر، <u>علم الاجتماع العسكري: التحليل السوسيولوجي لنسق السلطة العسكرية</u>، ط 1 ، دار المعارف، القاهرة، 1980.

أحمد زايد ، <u>علم الاجتماع بين الاتجاهات الكلاسيكية والنقدية</u> ، ط 1، دار المعارف، القاهرة، 1981.

------ <u>البناء السياسي في الريف المصري: تحليل لجماعات الصفوة القديمة والجديدة</u>، ط 1، دار المعارف ، القاهرة ،1981.

اليكس انكلز ، <u>مقدمة في علم الاجتماع</u>، محمد الجوهري وآخرين (ت) ، ط 5 ، دار المعارف ، القاهرة 1981.

بوتومور، <u>الطبقات في المجتمع الحديث</u>، محمد الجوهري وآخرين (ت) ، ط 3، دار المعارف، القاهرة 1981.

------ <u>تمهيد في علم الاجتماع</u> ، محمد الجوهري وآخرين (ت) ، دار المعارف، ط 5، القاهرة 1981.

------ <u>الصفوة والمجتمع</u> ، محمد الجوهري وآخرين(ت) ، ط 2 ، دار المعارف ، القاهرة، 1978.

------ <u>علم الاجتماع والنقد الاجتماعي</u>، محمد الجوهري وآخرون (ت)، ط 1، دار المعارف ، القاهرة ، 1981.

جمال زكي وسيد يس، أسس البحث الاجتماعي، دار الفكر العربي، القاهرة، 1963.

جون ركس، مشكلات أساسية في النظرية الاجتماعية ، محمد الجوهري وآخرين (ت) ، منشأة المعارف ، الاسكندرية ، 1973.

حامد عمار، المنهج العلمي في دراسة المجتمع: وضعه وحدوده. معهد الدراسات العربية العالمية، القاهرة، 1960.

حسن الساعاتي، تصميم البحوث الاجتماعية،: نسق منهجي جديد ، دار النهضة العربية، بيروت، 1982.

حسن عثمان، منهج البحث التاريخي، ط 3، دار المعارف، القاهرة، 1970.

حسن محمد حسين، البحث الاحصائي: أسلوبه وتحليل نتائجه، دار النهضة العربية، القاهرة، 1965.

حسن يحيى ، نظرية سي لإدارة حل الخلافات ، إنفو ، تيرانا ، ألبانيا (1994) .

----------- ، علم الاجتماع التطبيقي ، معهد التراث العربي – ميشيغان ، (1991)

----------- ، التغير الاجتماعي في العالم الإسلامي : دراسة تحليلية ، مطبعة جامعة ميشيغان ، آن آربر 1991

----------- ، الرضا والسعادة بين طلبة الجامعة ، مطبعة جامعة ميشيغان ، آن آربر ، 1989.

----------- ، نظرية سي وطبعة السلوك الإنساني ، معهد التراث العربي ، ميشيغان ، 2000

------------------ ، التوتر والشخصية ، مطبعة معهد البحوث النغسية ، ميشيفان 2003 .

سعد عبدالرحمن، أسس القياس النفسي، مكتبة النهضة المصرية، القاهرة، 1967.

السيد الحسيني ، علم الاجتماع السياسي: المفاهيم والقضايا ، ط 2 ، دار المعارف، القاهرة، --19

-------- المدينة: دراسة في علم الاجتماع الحضري ، ط 2، دار المعارف، القاهرة، 1981.

-------- التنمية والتخلف: دراسة تاريخية بنائية، ط 1، توزيع دار المعارف، القاهرة ، 1980.
-------- النظرية الاجتماعية ودراسة التنظيم ، ط 3 ، دار المعارف، القاهرة 1981.
السيد الحسيني وآخرون ، دراسات في التنمية الاجتماعية، ط 4، دار المعارف، القاهرة ، 1979.
عبدالباسط محمد حسن، أصول البحث الاجتماعي ، ط 3 ، مكتبة الانجلو المصرية، القاهرة 1971.
عبدالرحمن بدوي ، مناهج البحث العلمي، دار النهضة العربية، القاهرة ، 1968.
---------- مؤلفات ابن خلدون ، دار المعارف بمصر ، القاهرة، 1962.
عبدالباسط عبد المعطي، اتجاهات نظرية في علم الاجتماع، الكويت، المجلس الوطني للثقافة والفنون والآداب، 1981.
علي ليلة ،النظرية الاجتماعية المعاصرة: دراسة لعلاقة الانسان بالمجتمع، ط 1، دار المعارف، القاهرة، 1981.
----- البنائية الوظيفية في علم الاجتماع والانثروبولوجيا: المفاهيم والقضايا، ط 1، دار المعارف ، القاهرة، 1981.
علياء شكري ، الاتجاهات المعاصرة في دراسة الاسرة ، ط 1، دار المعارف، القاهرة، 1979.
------ بعض ملامح التغير الاجتماعي الثقافي في الوطن العربي دراسات ميدانية لثقافة بعض المجتمعات المحلية في المملكة السعودية، ط 1، دار الكتاب للتوزيع ، القاهرة ، 1979.
------ دراسات معاصرة في علم الاجتماع ، دار المعارف ، القاهرة ، 1981.
------ التراث الشعبي المصري في المكتبة الاوروبية ، دار الكتاب للتوزيع، القاهرة ، 1979.
------ علم الاجتماع الفرنسي المعاصر ، ط 2 ، دار الكتاب للتوزيع ، القاهرة 1979.

علياء شكري وآخرون ، قراءات معاصرة في علم الاجتماع، ط 2، دار الكتاب للتوزيع، القاهرة

محمد بدوي، مبادئ علم الاجتماع ، دار المعارف ، القاهرة، 1968.

محمد طلعت عيسى، البحث الاجتماعي: مبادئه ومناهجه، ط 3 ، مكتبة القاهرة الحديثة، القاهرة، 1963.

محمد علي محمد ، أصول علم الاجتماع السياسي، ط 1، دار المعرفة الجامعية، الاسكندرية، 1980.

---------- علم الاجتماع والمنهج العلمي، ط 1 ، دار المعرفة الجامعية، الاسكندرية، 1979.

---------- علم الاجتماع-ج 1 ، دار المعارف الجامعية ، الاسكندرية ، 1979.

---------- مجتمع المصنع، دراسة في علم اجتماع التنظيم ، الهيئة العامة للكتاب، الاسكندرية 1972.

---------- علم الاجتماع ومشكلة رقت الفراغ، دار المعرفة الاجتماعية ، الاسكندرية، 1981.

محمد الجوهري ، علم الفولكلور-ج 1 ، ط 4 ، دار المعارف ، 1981.

---------- علم الفولكلور (دراسة المعتقدات الشعبية) ، ط 1 ، دار المعارف، القاهرة، 1980.

---------- مصادر دراسة الفولكلور العربي (اشراف) ، دار الكتاب للتوزيع، القاهرة، 1978.

---------- الدراسة العلمية للمعتقدات الشعبية (اشراف)، دار الكتاب للتوزيع، القاهرة 1978.

---------- الانثروبولوجيا: أسس نظرية وتطبيقات عملية، ، ط 2، دار المعارف، القاهرة، 1980.

---------- علم الاجتماع وقضايا التنمية في العالم الثالث، ط 1، دار المعارف، القاهرة، 1980.

محمد الجوهري وعلياء شكري ، علم الاجتماع الريفي والحضري، ط 1 ، دار المعارف ، القاهرة، 1980.

184

جي روشيه ، علم الاجتماع الامريكي: دراسة لاعمال تالكوت بارسونز، محمد الجوهري وأحمد زايد (ت) ، ط 1 ، دار المعارف ، القاهرة ، 1981.

محمد الجوهري وآخرون (ت) ، دراسة علم الاجتماع ، ط 4 ، دار المعارف، القاهرة ، 1981

---------- ميادين علم الاجتماع ، دار المعارف، ط 5، القاهرة 1979.

---------- مقدمة في علم الاجتماع الصناعي ، ط 2 ، دار الكتاب للتوزيع، القاهرة 1979.

---------- التغير الاجتماعي ، ط2 ، دار المعارف، القاهرة ، 1981

نيقولا تيماشيف ، نظرية علم الاجتماع، محمود عودة وآخرين(ت) ، دار المعارف، ط 6، القاهرة 1980.

محمود عودة ، الفلاحون والدولة ، دار الثقافة للطباعة والنشر، القاهرة، 1979.

-------- أساليب الاتصال والتغير الاجتماعي ، دار المعارف، القاهرة 1970.

نبيل صبحي حنا ، جماعات الغجر. مع اشارة لغجر مصر والبلاد العربية، ط 1، دار المعارف، القاهرة، 1980.

هاينز موس ، الفكر الاجتماعي: نظرة تاريخية عالمية، السيد الحسيني، جهينة سلطان العيسى (ت) ، دار المعارف، القاهرة، 1981.

Dr. Yahya Writings and Publications:

حسن عبدالقادر يحيى مناهج القراءة في الصف الثاني في أربع دول عربية: الأردن والسعودية وسوريا وليبيا . مجلة العلوم الأمريكية الاجتماعية ، عدد 2، واشنطن 1986. (بحث بالإنجليزية)

-------------الرضا والسعادة بين طلبة الجامعة ، مطبعة جامعة ميشيغان ، آن آربر ، 1989. بالإنجليزية

----------- ، علم الاجتماع التطبيقي ، معهد التراث العربي – ميشيغان ، (1991)

----------- ، المرشد لكتاب علم الاجتماع التطبيقي ، معهد التراث العربي – ميشيغان ، (1991)

----------- ، التغير الاجتماعي في العالم الإسلامي : دراسة تحليلية ، مطبعة جامعة ميشيغان ، 1991 بالإنجليزية

----------- ، نظرية سي لإدارة حل الخلافات ، إنفو ، تيرانا ، ألبانيا (1994) – بالإنجليزية . .

----------- ، نظرية سي وطبيعة السلوك الإنساني ، معهد التراث العربي ، ميشيغان ، 2003

----------- ، بناء البحث العلمي للمبتدئين والمحترفين، معهد البحوث RIISP ، ميشيغان 2003

----------، الدراسة للتفوق في التحصيل العلمي ، معهد إيزوس إنترنت 2003

----------، رفيق الباحث في بناء ورقة البحث ، معهد إيزوس إنترنت : 2004

----------، صراع العقل الواعي واللاواعي والسعادة الشخصية ، معهد إيزوس إنترنت : 2004

----------، 16 طريقة من طرق إدارة الفصل الدراسي ، معهد إيزوس إنترنت : 2004

----------، اختبارات الذكاء IQ / الجزء الأول من 2 إلى 6 سنوات ، معهد البحوث النفسية : RIISP ميشيغان: 2004

----------، اختبارات الذكاء IQ / الجزء الثاني من 6 إلى 12 سنة ، معهد البحوث النفسية :: ميشيغان2004

----------، اختبارات الذكاء IQ / الجزء الثالث من 12 إلى 24 سنة ، معهد البحوث النفسية RIISP: ميشيغان: 2004

---------- ، قياسات نفسية واجتماعية ، مطبوعات إيزوس إنترنت ،
2004

-----------،فياس وكسلر بالفيو للمراهقين والبالغين ، مطبوعات
إيزوس إنترنت ، 2004

-----------،فياس التكيف الجسدي والنفسي والاجتماعي لغير
القادرين عقليا ، مطبوعات إيزوس إنترنت ، 2004

-----------،مهارات المعلم المبدع ، مطبوعات إيزوس إنترنت ،
2004

-----------،مهارات حياتية للمراهقين وطلاب المدارس ، مطبوعات
إيزوس إنترنت ، 2004

Yahya, A. Qader Yahya, (1988)Early Islamic Methodology
throught al-Bukhari, A Paper Presented at the AMSS,
Annual Meeting, Washington: USA.
……………………….. , (1989) Factors of Life Satisfaction
Among Muslim Students in the United States, University of
Michigan Publications, , USA
……………………..., (1992)Social Change in The
Muslim Nations, Comparative Analysis, University of
Michigan Publications. USA
…………………….., , (2001)Blasphemy in History,
Internet Publications,
……………………..., (2008)The Beast In Me,
America, Createspace,
……………………... (2008) 'ILM 'IJTIMA'
TATBEEQI, Createspace, 2008.

……………………….., (2008) BRIEF ARAB &
MUSLIM ETHICS, for non Arabic Speakers, Creatspace,
……………………..., (2008) RESEARCH
METHODS IN SOCIAL SCIENCES, (Arabic,) Createspace
……………………..., (2008) 28 ARABIC SHORT
STORIES, (Arabic), Createspace.

........................., (2008)'ADWA' ALA L FIKR al-GHARBI, (Arabic), Createspace.

........................., (2008) CRESCENTOLOGY, THEORY C. OF CONFLICT MANAGEMENT, Createspace.

........................., (2008).55STORIES 4 KIDS, OutskirtsPress and Createspace, USA.

........................., (2008) POETRY DIWAN, Createspace, USA.

........................., (2008) MOON FLOWERS, Createspace, USA.

........................., (2008) THERAPY CASES, (Arabic), Createspace, USA.

........................., (2008) ARABIC IQ TEST MEASUREMENTS, Createspace, USA.

........................., (2008) ADWA' ALA l FIKR al-GHARBI, Createspace, USA